定期テスト **ズバリよくでる** 国語 1年 東京書籍版 新しい国語1

もくじ

取り外してお使いください 赤シート+直前チェックBOOK,別冊解答

※全国の定期テストの標準的な出題範囲を示しています。学校の学習進度とあわない場合は,「あなたの学校の出題範囲」欄に出題範囲を書きこんでお使いください。

Step 1

風の五線譜(ごせんふ)

15分

❶ 詩を読んで、問いに答えなさい。

風の五線譜

高階杞一(たかしなきいち)

風に葉っぱがゆれている

大きな葉っぱ

小さな葉っぱ

ぎざぎざの葉っぱ

まるい葉っぱ

▼教 巻頭

(1) 第二連では、葉っぱの大きさについて書かれています。第三・四連では、葉っぱの何について書かれていますか。次の□に当てはまる言葉を、それぞれ漢字一字で書きなさい。

・第三連…葉っぱの□　・第四連…葉っぱの□

(2) 第六連について、答えなさい。

❶ この部分に用いられている表現技法は何ですか。次から一つ選び、記号で答えなさい。

ア 擬人法(ぎじんほう)　イ 倒置(とうち)　ウ 体言止め

(　　)

❷ どのような様子を表現していますか。次の文の□に当てはまる言葉を、詩の中から五字で抜(ぬ)き出しなさい。

・葉っぱが風にゆれて、みんな□を出す様子。

□□□□□

(3) この詩の内容に当てはまるものはどれですか。次から一つ選び、記号で答えなさい。

ア みんなそれぞれ違(ちが)う個性が集まって、調和がとれている。

イ 周りを気にせず、自分自身をもっと表現するべきだ。

ウ 他人どうしが力を合わせるには、それぞれの努力が必要だ。

(　　)

黒い葉っぱ
黄色い葉っぱ
ひとつひとつが
風にゆれ
みんな
ちがった音を出している
みんなで
きれいな曲を奏(かな)でている

高階杞一「風の五線譜」〈「空への質問」〉より

テストで点を取るポイント

国語の中間・期末テストでは、次のポイントを押(お)さえて確実に点数アップをねらうことができます。

☑ **ノートを確認(かくにん)して、教科書を音読する**

❶授業中の板書を写したノートをおさらいします。
国語の定期テストでは黒板に書かれた内容がテストで問われることが多く、先生によっては要点を赤字にしたり、繰(く)り返し注意したりしてヒントを出してくれています。

❷教科書の文章を音読して読み直します。
テストで出る文章は決まっているので、かならず何度も読み直して文章内容を理解しておきましょう。

☑ **ステップ1・ステップ2を解く**

≫実際に文章読解問題・文法問題を解いて、内容を理解できているか確認します。いずれも時間を計って、短時間で解く練習をしておきましょう。

☑ **小冊子で漢字を確認する**

≫テスト直前には新出漢字や文法事項(じこう)、古文単語などの暗記事項を確認します。

国語はノート整理→音読→演習問題→漢字暗記の4ステップで短期間でも高得点がねらえるよ！

Step 1 話し方はどうかな

15分

1 文章を読んで、問いに答えなさい。

▼㊙17ページ12行～19ページ10行

では、①いちばん聞きやすい速さとはどれくらいでしょうか。一分間に三百字が基準です。これは長い間の放送の経験を通じての結論です。時計の秒針を見ながら、次の文章を声に出して読んでみましょう。

続いて気象情報です。気象庁の観測によりますと、千島(ちしま)列島付近では低気圧が猛烈(もうれつ)に発達しています。一方、中国大陸には優勢な高気圧があって、日本付近は強い冬型の気圧配置となっています。上空およそ五千五百メートルには氷点下三十度以下の強い寒気が入っており、日本海側の各地では、これから明日の朝にかけて大雪の恐(おそ)れがあります。特に、東北地方の日本海側から北陸地方にかけては、多い所で七十センチから一メートルの大雪となる所があるでしょう。太平洋側の各地では晴れる所が多くなりますが、空気が非常に乾燥(かんそう)していますので、火の取り扱(あつか)いには十分ご注意ください。あさってからは、暖かい日と寒い日が交互(こうご)に現れるようになるでしょう。

これを一分間で読むのです。この速さを練習してください。ゆっくりだなあ、あるいは、速いなあと感じるでしょうが、②とにかく、

1 (1) ――線①「いちばん聞きやすい速さ」について、答えなさい。

1 どれくらいの速さですか。次の文の□に当てはまる言葉を文章中から抜(ぬ)き出しなさい。

・一分間に□を話す速さ。

2 何をもとにして、導き出したものですか。文章中から九字で抜き出しなさい。

(2) ――線②「とにかく、この速さをつかんでください」に込(こ)められた筆者の思いはどんなことですか。次から一つ選び、記号で答えなさい。

ア アナウンサーになるためには、身に付けるべき技術である。

イ 聞き手は内容よりも、聞き取りやすい話を求めている。

ウ 分かりやすい話し方には、聞き取りやすい速さが必須(ひっす)である。

(3) ――線③「淡々と一分間に三百字の速さで話すのでは無表情です」とありますが、無表情な話は、どんなことが問題なのですか。次の文の□に当てはまる言葉を二十字以内で文章中から探し、初めと終わりの五字を書きなさい。

・□にならないこと。

この速さをつかんでください。人間の話には、起承転結があり、緩急があり、強弱があります。重要な部分の話はゆっくり、そうでないところは速くなるのが普通です。そのことを一言で「話の表情」というとしますと、③淡々と一分間に三百字の速さで話すのでは無表情です。無表情の人に魅力がないのと同じように、分かりやすい、聞きやすい、理解しやすい話にはなりません。話の内容に合った表情が必要です。ですから、④三百字という速さは土台と考えてください。この速さで話せる土台があれば、話の表情を豊かにし、魅力的な話し方ができるようになります。

　これから皆さんは、教室だけではなく、いろいろな場で発言する機会が増えることと思います。聞き手によく分かるような話し方を工夫していきましょう。

川上裕之「話し方はどうかな」〈「言葉のプロムナード」〉より

□□□□□～□□□□□

(4) ——線④「三百字という速さは土台と考えてください」とありますが、その理由は何ですか。次から一つ選び、記号で答えなさい。

ア　魅力的な話し方には、適度な速さの上に話の表情が必要であるから。

イ　分速三百字という速さは、話の表情ほどは重要なことではないから。

ウ　聞き取りやすい速さで話すことができなければ、表情は生まれないから。

（　　）

(5) 筆者がいちばん伝えたいことは何ですか。その内容が分かる一文を探し、初めの六字を書きなさい。

□□□□□□

ヒント

(2) この後から「話の表情」についての話が始まることを押さえよう。

(5) 筆者がいちばん伝えたいことは、文章の初めや終わりに書かれていることが多い。

この文章でも、最後の段落の「〜思います。」や「〜していきましょう。」という文末に着目しよう。

Step 2

日本語探検Ⅰ　音声の働きや仕組み

（風の五線譜（ごせんふ）〜日本語探検Ⅰ）

20分

／100
目標 75点

1 ――線の漢字の読みがなを書きなさい。

1 皆の前で話す。
2 髪（かみ）の毛の乱れ。
3 大汗をかく。
4 普通科に通う。
5 句読点を打つ。
6 野球の中継。
7 ノーアウト満塁
8 虫を捕る。
9 法の下の平等。
10 気象予報士
11 猛烈な勢い。
12 淡々とこなす。
13 心の豊かな人。
14 仕事が増える。
15 工夫をこらす。

1			
1	5	9	13
2	6	10	14
3	7	11	15
4	8	12	

各2点

2 ――線のかたかなを漢字に直しなさい。

1 口をハサむ。
2 歩みがオソい。
3 身体ソクテイ
4 ヒラガナで書く。
5 ゲンコウを読む。
6 試合のジッキョウ。
7 歯がヌける。
8 光がハね返る。
9 勢いよく滑（すべ）りコむ。
10 クンレンを積む。
11 安全キジュン
12 カンソウした部屋。
13 取りアツかう
14 コウゴに並ぶ。
15 絶好のキカイだ。

2			
1	5	9	13
2	6	10	14
3	7	11	15
4	8	12	

各2点

［解答▶p.1］

❸ 次の各文は音声の働きや仕組みについて説明したものです。正しいものを全て選び、記号で答えなさい。

ア 日本語の場合、音節は子音一つと母音一つの組み合わせのみで作られる。

イ 促音・撥音・長音・拗音は一文字で表され、「あ」などと同じ長さで発音するため、一つの音節である。

ウ 「にっき」の「っ」は撥音、「ほん」の「ん」は促音という。

エ 「ぼうし」「ノート」の――線部は長音といい、「としょ」の「しょ」は「拗音」という。

オ 一つの語について、どの音を高く言い、どの音を低く言うかの配置をイントネーションという。

カ 同じ音の言葉でも、アクセントの高低によって、意味が変わってくることがある。

❸
完答10点

❹ 次の言葉にはア〜エのどの音節が入っていますか。入っているものを全て選び、記号で答えなさい。(同じ音節が複数ある場合も、記号は一回だけ書けばよい。)

❶ チョコチップ　❷ 校長先生　❸ 信号機

ア 促音　イ 撥音　ウ 長音　エ 拗音

❹	❶	❷	❸
完答各5点			

❺ 次の――線部はどのようなイントネーションで話すとよいですか。後から一つずつ選び、記号で答えなさい。

❶ 「これから祖母が来るそうです。」と伝えた。

❷ 弟に「誰と遊んだの。」と聞いた。

❸ 友人に「とても楽しいの。」と言った。

ア 文の末尾を上げて話す。

イ 文の末尾を下げて話す。

❺	❶	❷	❸
各5点			

テストに出る

●音声　・母音…a・i・u・e・o
　　　　・子音…k・s・t・g・z・d・pなど

●音節…発音の単位。日本語では、子音一つと母音一つの組み合わせ、または母音一つで作られるのが基本。原則的に「あ・さ・だ」などのかな文字一つで表される。

促音……「きって」などの「っ」で表される音。

撥音……「かん」などの「ん」で表される音。

長音……「びょういん」「とおり」「コート」などの「う」「お」「ー」で表されるような音。

拗音……「いしゃ」などの「ゃ」「ゅ」「ょ」がついて表される音。二文字で一つの音節とされる。

Step 1

詩の心――発見の喜び

15分

1 文章を読んで、問いに答えなさい。

▼㊎25ページ6行〜27ページ6行

①詩の心における「感じる作業」とは、日常見慣れたり聞き慣れたりしているものに、改めて新しい反応を示し、驚(おどろ)くことだといえるでしょう。言い換(か)えれば、ものを表面的にただ「美しい」とか「寂(さび)しい」とか感じるのでなく、より深く感じることです。

虫　八木重吉(やぎじゅうきち)

虫が鳴いてる
いま　ないておかなければ
もう駄目(だめ)だというふうに鳴いてる
しぜんと
涙(なみだ)をさそわれる

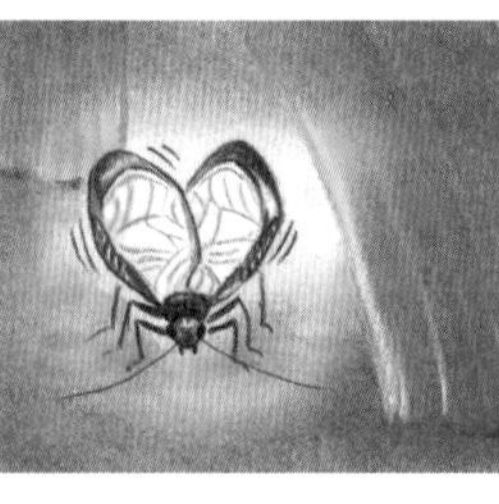

秋の夜、虫の声を耳にして、それを「いま　ないておかなければ……」という切羽詰(つ)まった、真剣(しんけん)な命の声と聞く、この深い感じ方が、「虫が鳴いてる」という単純な事実を感動的なものにしているのです。作者の八木重吉は、結核(けっかく)のため僅(わず)か三十歳(さい)で世を去りました。この詩には、自身の短命を予感した②作者の痛ましい実感も籠(こ)もっています。

(1) 「虫」「土」の詩の形式は何ですか。「〜語〜詩」という形で五字で書きなさい。

(2) ――線①「詩の心における『感じる作業』」とはどんなことですか。次の文の[　]A・Bに当てはまる言葉を文章中から抜(ぬ)き出しなさい。

・ものをただ[A]に感じるのではなく、より[B]感じること。

A[　]　B[　]

(3) ――線②「作者の痛ましい実感も籠もっています」とはどういうことですか。次の文の[　]A・Bに当てはまる言葉を文章中から抜き出しなさい。

・自分の[A]の短いことが、日常聞き慣れた[B]にも深く感じられ、その思いが詩に表されているということ。

A[　]　B[　]

(4) 「土」の詩に用いられている表現技法を次から一つ選び、記号で答えなさい。

ア　直喩　イ　暗喩　ウ　擬人(ぎじん)法

(　　)

土

三好達治

蟻が
蝶の羽をひいて行く
ああ
ヨットのやうだ

庭先などでよく見かける小さな光景。蟻が、蝶の死骸を引っ張って地面を移動している――それだけなら、何ということもないでしょう。詩人の目は、それをじっと見つめ、不意に③「ああ／ヨットのやうだ」と感じます。無論白く立っている蝶の羽からの連想であり、比喩ですが、そこにある発見や驚きが、私たちの隠れた、気づかない詩の心を目覚めさせ、改めて連想や比喩の楽しさを教えてくれます。

詩とは、作者にとってもまた読者にとっても、ものによく感じて、そこに新しい驚きを発見する、そういう喜びをもたらすものです。今までよく見えなかったものを見、よく聞こえなかったものを聞く喜びを、詩の心は求めているのです。

嶋岡 晨「詩の心――発見の喜び」〈「詩のたのしさ」〉より

(5) ――線③「『ああ／ヨットのやうだ』と感じます」とありますが、この詩句は、何を目覚めさせますか。文章中から十六字で抜き出しなさい。

(6) この文章で、筆者は「詩」とはどんなものだといっていますか。文章中から三十六字で探し、初めの五字を書きなさい。

ヒント

(2) 直後に「日常見慣れたり聞き慣れたり……反応を示し、驚くこと」という説明があり、その後にさらに言い換えた説明がある。どちらの説明の言葉が当てはまるか考えよう。

(4) ア・イ・ウは、どれも「比喩」の一種であるが、それぞれたとえ方が異なる。「直喩」は「みたいだ」などを用いてはっきり示す方法、「暗喩」は「みたいだ」などを用いずそれとなく示す方法、「擬人法」は人間以外のものを人間のようにたとえる方法。

Step 2 文法の窓1 文法とは・言葉の単位 漢字道場1 活字と書き文字・画数・筆順

（詩の心——発見の喜び～漢字道場1）

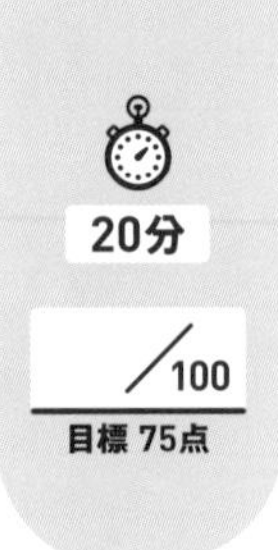

1 ——線の漢字の読み仮名を書きなさい。

1 素朴な人柄(ひとがら)。
2 技巧を凝(こ)らす。
3 切羽詰まる。
4 結核にかかる。
5 三十歳になる。
6 虫の死骸。
7 比喩を使う。
8 巧(たく)みな筆遣い。
9 違いを比べる。
10 傍線を引く。
11 うら若き乙女。
12 克己心を養う。
13 机上の書類。
14 革製品を磨(みが)く。
15 三角州

1

1	2	3	4
5	6	7	8
9	10	11	12
13	14	15	

各2点

2 ——線の片仮名を漢字に直しなさい。

1 ユウゼンとした態度。
2 太陽がカクれる。
3 シンセンな野菜。
4 雷(かみなり)にオドロく。
5 ナミダを流す。
6 シンケンに聞く。
7 ゲンカンから入る。
8 シバフで遊ぶ。
9 ゲカの医師。
10 キュウドウを習う。
11 ウジガミを祭る。
12 ランオウを混ぜる。
13 ジビカを受診(じゅしん)する。
14 商品のニュウカ。
15 汗(あせ)のブンピツ。

2

1	2	3	4
5	6	7	8
9	10	11	12
13	14	15	

各2点

3 次の各問いに答えなさい。

(1) 次の文はいくつの文節に分けることができますか。漢数字で答えなさい。

❶ 夕べは寝るのが遅くなった。

❷ 私の父は野球に関してとてもくわしい。

❸ ぼくの将来の夢は優秀なプログラマーになることだ。

❹ 寒い冬はこたつでみかんを食べるのが最高の幸せだ。

(2) 単語の分け方として正しいものを次から一つ選び、記号で答えなさい。

ア 初めに／新作／の／内容／を／説明／する。

イ あの／日／この／場所／で／君／と／出会っ／た。

ウ もう／少し／待とう／と／思った／が／あきらめた。

3				
(1)	❶	❷	❸	❹ 各3点
(2)	4点			

4 次の各問いに答えなさい。

(1) 次の活字の種類を後から一つずつ選び、記号で答えなさい。

❶ 秋　❷ 秋　❸ 秋

ア 教科書体　イ 明朝体　ウ ゴシック体

(2) 次の漢字の画数を、漢数字で答えなさい。

❶ 弓　❷ 氏　❸ 医　❹ 考

(3) 「必」の筆順として正しいものを次から一つ選び、記号で答えなさい。

ア ノソ义必必　イ 、心心心必

ウ 、ソ义必必　エ 、心心心必

4				
(1)	❶	❷	❸ 各3点	
(2)	❶	❷	❸	❹ 各3点
(3)	3点			

テストに出る

文章　文が集まって、まとまった内容を表したもの。

段落　文章の中での、内容によるひとまとまり。普通は書きだしを一字下げる。

文　まとまった事柄や考えを表した、言葉の連なり。

文節　文を読んだときに、言葉として不自然にならないようにできるだけ小さく区切ったひとまとまり。区切りは、「ね・さ・よ」を入れて確かめることができる。

単語　文法上の最小の単位。それ以上区切ると意味や働きが失われてしまうもの。

Step 1

飛べ かもめ

15分

❶ 文章を読んで、問いに答えなさい。

▼㊩38ページ1行〜39ページ8行

一分、二分。鳥影は、なおも同じ位置に貼り付いている。この列車に、この少年に、抜き差しならぬ用でもあるかのように。

しかも――少年はふと気づいて、①我知らず赤面した。自分は、暖房の効いた列車の中に、のんびりと座っている。あの鳥は、自分の翼で羽ばたくことによってしか、前に進めない。だから、あの鳥は、懸命に羽ばたいている。前進している。自分の意志と力だけを頼りに。

少年は、②鳥から目が離せなくなった。無意識に拳を握りしめ、頑張れ、頑張れ、と小さな声を立てた。列車なんかに負けるな、僕なんかに負けるな。この意気地なしの僕なんかに――。

しかし、鳥の速度は次第に落ちてきた。翼の動きが、目に見えるほど鈍くなる。

窓ガラスに映る影の位置が、少しずつずれてきた。そしてついに、後ろの窓へ、更にまた後ろへ――。

少年は、体ごと振り向いて、鳥の行方を追う。小さな影は、やがて力尽きたように視界から消えた。少年の目に、白い一点の残像を残して。

少年の目に、かすかに涙がにじんだ。

――あいつは、よくやった。

(1) ――線①「我知らず赤面した」のはなぜですか。次から一つ選び、記号で答えなさい。

ア 巨大な敵に立ち向かい、負けることを恥じないかもめに興奮したから。

イ かもめは羽を持っているのに、自分には走る力もないと気づいたから。

ウ かもめに比べ、列車に乗っているだけの自分を恥ずかしく思ったから。

( )

(2) ――線②「鳥から目が離せなくなった」とありますが、このときの鳥に対する少年の気持ちに当てはまるものを次から一つ選び、記号で答えなさい。

ア 鳥を心配する気持ち。

イ 鳥を応援する気持ち。

ウ 鳥にあこがれる気持ち。

( )

(3) ――線③「少年の心に、何かが、ぴんと糸を張る」とありますが、このことをきっかけに、少年は、次にどんなことをしようと思いましたか。次の文の［ ］A・Bに当てはまる言葉を文章中から抜き出しなさい。

・［A］で降りて、自分の足で［B］を走って帰ること。

③少年の心に、何かが、ぴんと糸を張る。

甘えるな。

怠けるな。

力いっぱい飛べ。

――この次の駅で降りよう。

そして、砂浜を走って帰ろう。

少年の胸に、足の裏を刺すざらざらした砂の感触が、生々しくよみがえった。

列車はカーブを回り、速度を落とし始める。④少年は、瞳に光を取り戻して、勢いよく立ち上がった。

⑤どこかで雨が上がったのか、海に大きな虹が出ている。

杉 みき子「飛べ　かもめ」〈「小さな町の風景」〉より

A

B

(4) ――線④「少年は、瞳に光を取り戻して」とありますが、このようになったのは、なぜですか。次の文の□に当てはまる言葉を文章中から四字で抜き出しなさい。

・かもめが、□で懸命に羽ばたいているところを見たから。

(5) ――線⑤「どこかで雨が上がったのか、海に大きな虹が出ている」とありますが、この情景描写から少年のどんな気持ちが分かりますか。次から一つ選び、記号で答えなさい。

ア 自分も鳥を追いかけて走らなければならないと、決意を固める気持ち。

イ 目的地まで来たので、ここから走って帰ろうと気合いを入れる気持ち。

ウ 列車に乗っていたが、自分の力で進んでいこうと前向きになる気持ち。

ヒント

(2) 直後に「頑張れ、頑張れ」「列車なんかに負けるな、僕なんかに負けるな。」とあることから考える。

(3) 少年の心の中の言葉が書かれている部分に着目する。どこで列車を「降りて」、どこを「自分の足」で走って帰ろうとしているか読み取ろう。

Step 1

さんちき

15分

❶ 文章を読んで、問いに答えなさい。

▼㊑45ページ11行〜46ページ30行

ゆらゆらと燃える炎が車を照らし出す。①とたんに親方が怒鳴った。

「このあほう！　表に彫るやつがあるか。自分の名前は、人様の目障りにならんように車の裏に彫るもんや。」

「あっ、すんまへん。」

全く気がつかなかった。これでは自分の名前を見せびらかしているようなものだ。

「それに、こりゃ、②間違えてるやないか。」

「えっ、どこが！」

慌てて一字一字ゆっくり見た。だけど、「き」の字が「き」まで彫ってあり、あと「こ」が残っているだけで、別にどの字も間違っていない。

首をひねって考えていると、親方がまた怒鳴った。

「自分の名前も忘れたんか。上からゆっくり読んでみい。順番がまちごうてるやないか、順番が――。」

「えっ。」

よく見ると、そこには、

さ　ん　ち　き

と彫ってあった。

「しもうたあ！」

(1) ――線①「とたんに親方が怒鳴った」とありますが、親方は何を怒鳴ったのですか。次から一つ選び、記号で答えなさい。

ア　やっとできた車にいたずらをしたこと。
イ　車の表に自分の名前を彫ったこと。
ウ　自分の名前を間違えて彫ったこと。

（　　）

(2) ――線②「間違えてるやないか」とありますが、三吉はどのようなことを間違えていたのですか、次の文の□に当てはまる言葉を文章中から抜き出しなさい。

・自分の名前の字の□。

(3) ――線③「慌てて、『ち』の字を手でごしごしこすった」とき、三吉は、どんな気持ちでしたか。次から一つ選び、記号で答えなさい。

ア　本当に間違えているのか、よく確かめたい。
イ　間違えた字をなんとかして消して、直したい。
ウ　自分の名前を間違えたことを親方に見せたくない。

（　　）

(4) ――線④「親方、どないしたらええんやろ」とありますが、このとき三吉はどんな気持ちでしたか。次から一つ選び、記号で答えなさい。

③慌てて、「ち」の字を手でごしごしこすった。

「あほう、そないなことして消えるか。」

「そ、そやかて——。」

「一度彫り込んだもんはなあ、車がなくなるまで消えへんのや。」

④「親方、どないしたらええんやろ。」

「どないもこないも、もうどうしょうもあらへん。」

三吉は、しょんぼりとうなだれた。

今度のしょんぼりは、本当のしょんぼりだ。

「はっはっはっ。この順番で読むと『さんちき』っちゅう名前になるやないか。それもなかなかおもろいな。」

「親方、そんな……。」

「よしっ、残りをさっさと彫ってしまえ。」

「そやけど……。」

「そやけどもへちまもない。ここまでやったんなら、しまいまで彫ってしまわんと、何が書いてあるか分からへんやないか。」

それでもおろおろしていると、また怒鳴られた。

「はようせんと、物騒やないか。」

吉橋通夫「さんちき」より

ア　間違えた責任を親方に取ってもらいたい。

イ　申し訳ない気持ちでいっぱいだ。

ウ　なんとか直す方法を教えてほしい。

（　　）

(5)　三吉がどうしてよいか分からず、うろたえる様子を表している擬態語を、文章中から四字で抜き出しなさい。

□□□□

(6)　この文章から、親方はどんな人物だと分かりますか。次から一つ選び、記号で答えなさい。

ア　気は短いがこだわりがなく、思いやりのある人物。

イ　他人の失敗をおもしろがり、すぐ馬鹿にする人物。

ウ　怒りっぽくて、人のあら探しばかりする人物。

（　　）

ヒント

(1)　すぐ後の親方の言葉に注目する。「表に彫るやつがあるか」と言っている。「自分の名前は……彫るもんや」とも言っており、名前を彫ること自体をとがめているわけではない。

(6)　「このあほう！」「怒鳴った」などの表現から乱暴な人物のように思えるかもしれないが、それだけでは判断できない。

Step 2

さんちき

1 文章を読んで、問いに答えなさい。思

▼教49ページ20行〜50ページ37行

「侍に生まれんで、よかったな。」

「……。」

「あの侍の目は、死ぬ間際やちゅうのに、憎しみでいっぱいやった。侍たちは、やたらと殺しおうてばかりや。国のためやとか言うてるけど、殺し合いの中から、いったい何を作り出すというんじゃ。」

親方は、三吉が作った矢を握ってぐいと引いた。びくともしない。

「ええ仕上がりや。この車は何年持つと思う？」

三吉は、やっと口を開いた。

「二、三十年やろか。」

「あほう、百年や。」

「百年も！」

「わしらより長生きするんや。侍たちは、何にも残さんと死んでいくけど、わしらは車を残す。この車は、これから百年もの間、ずっと使われ続けるんや。」

「へええ。」

「へええやあらへん。おまえも、その車大工の一人やないか。まだ半人前やけど。」

「半人前は、余分や。」

「余分のついでに、今から百年先のことを考えてみよか。世の中、

(1) ――線①「侍に生まれんで、よかったな」とありますが、このとき親方は、車大工の仕事について、どのように考えていましたか。次の□に当てはまる言葉を、文章中から四字で抜き出しなさい。

・侍が何も残さないのに比べ、自分たちは□ことができる。

点UP

(2) ――線②「今から百年先のことを考えてみよか」とありますが、親方が百年先の世の中でも変わらずに残ると考えているものとして適切でないものはどれですか。次から一つ選び、記号で答えなさい。

ア 祇園祭り　イ 車　ウ 幕府　エ 町人の暮らし

(3) ――線③「これを作った車大工やな。ちょっと変わった名前やけど、きっと腕のええ車大工やったんやろなあ……」という言葉に込められた三吉に対する親方の気持ちを、「車大工」という言葉を使って書きなさい。

(4) ――線④「三吉は親方の腰をぎゅっと押した」とありますが、このときの三吉の気持ちに当てはまるものを次から一つ選び、記号で答えなさい。

ア 謝罪と甘え　イ 喜びと照れ　ウ つらさと決意

点UP

(5) ――線⑤「思い切り息を吸い込んで、ろうそくの明かりをひと吹きで消した」という行動には、三吉のどんな気持ちが表れていますか。簡潔に答えなさい。

20分

/100

目標 75点

どないなってるやろ。幕府が続いてるか、ほかの藩が天下を取ってるか分からん。けど、わしらみたいな町人の暮らしは、途切れんと続いてるやろ。祇園祭りも、町衆の力で毎年行われ、この車は、祭りのたびに、大勢の見物人の前をゴロゴロ引かれていく。ほいで、誰かが、今わしらの彫った字を見つけるんや。見つけて、こない言うかもしれへん。」

　そこで親方は、腕を組み、声の調子を変えてしゃべりだした。

「ほう、こりゃなんと百年も前に作った車や。長持ちしてるなあ。なになに『さんちき』か……。ふうん、③これを作った車大工やな。ちょっと変わった名前やけど、きっと腕のええ車大工やったんやろなあ……。」

「親方――。」

　④三吉は親方の腰をぎゅっと押した。怒られるかなと思ったけど、何も言われなかった。

「はっはっは、さあ、もう寝ろ。ろうそくがもったいないやないか。」

　親方は、それだけ言うと、さっさと奥へ入ってしまった。

　三吉は、ろうそくを吹き消そうとして、もう一度車を見た。

　　さ　ん　ち　き

と彫った字が、ろうそくの明かりの中に、ぼんやりと浮かんで見える。

「さんちきは、きっと腕のええ車大工になるで。」

　そっとつぶやいてから、⑤思い切り息を吸い込んで、ろうそくの明かりをひと吹きで消した。

吉橋通夫「さんちき」より

❷ ――線の片仮名を漢字で書きなさい。

❶ 綱でシバる。
❷ 大声でサケぶ。
❸ ブッソウな世の中。
❹ テイ寧に字を書く。

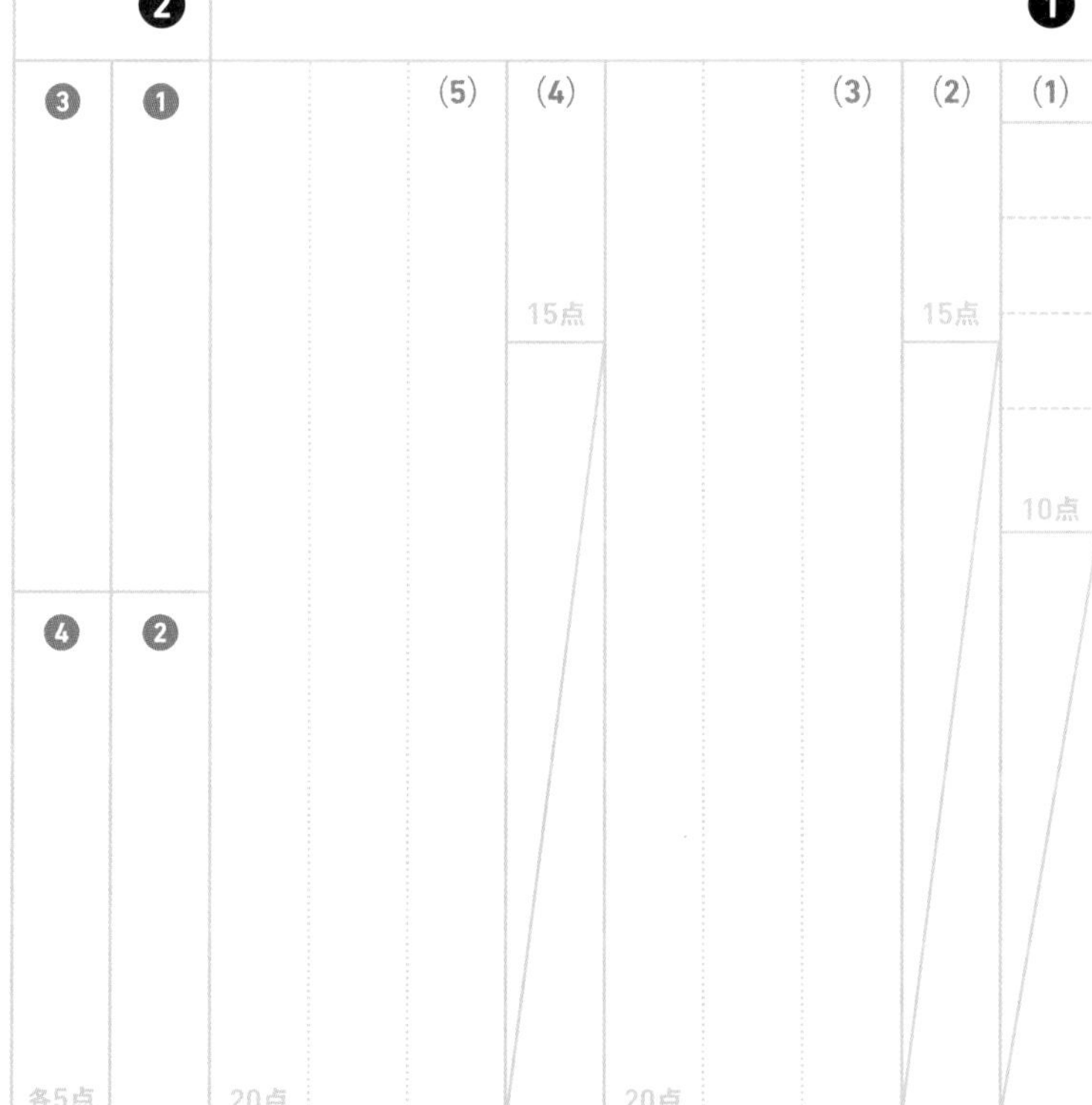

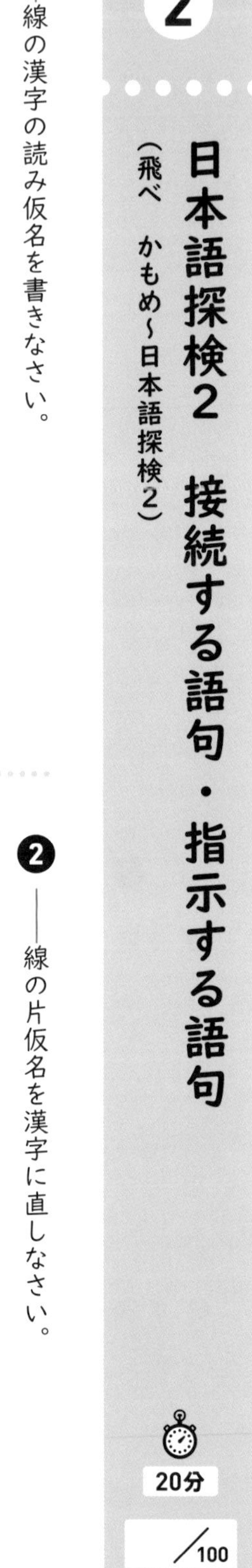

Step 2

日本語探検2　接続する語句・指示する語句

（飛べ　かもめ～日本語探検2）

20分

／100

目標 75点

1 ――線の漢字の読み仮名を書きなさい。

1 鈍行列車
2 切手を貼る。
3 いすに座る。
4 意気地がない。
5 行方をたどる。
6 虹が出る。
7 弟子入り
8 米を研ぐ。
9 丁寧（ねい）な仕事。
10 ボタンを押す。
11 香ばしい
12 ひもで縛る。
13 軽やかな曲。
14 寝坊する
15 ご無沙汰する

1			
1	5	9	13
2	6	10	14
3	7	11	15
4	8	12	各2点

2 ――線の片仮名を漢字に直しなさい。

1 空がクモる。
2 ヒトカゲが映る。
3 手をニギる。
4 フり向く
5 弟がアマえる。
6 ナマけ者
7 引きシまる
8 カラいラーメン。
9 声がヒビく。
10 アワてて消す。
11 トナリの国。
12 スルドい目つき。
13 コシが痛い。
14 コンキョを示す。
15 イッパン論

2			
1	5	9	13
2	6	10	14
3	7	11	15
4	8	12	各2点

❸ 次の（　）に当てはまる接続語を後から一つずつ選び、記号で答えなさい。（記号は一回しか使えません。）

❶ 彼は姉の子供だ。（　）、私のおいである。
❷ 毎日練習した。（　）、試合に負けてしまった。
❸ 話はこれで終わりです。（　）、昼食にしましょう。
❹ 上ばきを洗った。（　）、ベランダに干した。
❺ 遠足は中止になった。（　）、雨が降っていたからだ。
❻ 祖母はあまいものが好きだ。（　）、大福をおみやげに持っていった。
❼ 寒い冬でも咲く花がある。（　）、つばきなどである。

ア つまり　イ さて　ウ なぜなら
エ そして　オ だが　カ 例えば
キ だから

❸		各4点
❶	❷	
❸	❹	
❺	❻	
❼		

❹ 次の（　）に当てはまる指示語を後から一つずつ選び、記号で答えなさい。（記号は一回しか使えません。）

❶ もしもし、元気。こちらは桜が散ったよ。（　）はどう。
❷ おいしそうな店が並んでいるね。昼食は（　）店にしようか。
❸ （　）に見えるカフェで待ち合わせしよう。
❹ 私が今いる（　）から目的地まで、どれくらいかかりますか。

ア ここ　イ どの　ウ あそこ　エ そちら

❹	各3点
❶	
❷	
❸	
❹	

テストに出る

●つなぐ言葉（接続表現）

働き	例
言い換える	つまり・要するに
例を挙げる	例えば・一例として
結論や根拠を示す	だから・したがって なぜなら・というのは
逆のことを述べる	しかし・だが
付け加える	そして・それから
違う話題を導入する	ところで・さて

Step 1

オオカミを見る目

15分

1 文章を読んで、問いに答えなさい。

▼教 64ページ7行～66ページ14行

このように、ヨーロッパでは、ヒツジを軸にした牧畜を基盤とし、キリスト教の影響がたいへん強かったために、ヒツジを襲うオオカミは悪魔のように見なされることとなったのです。

一方、日本はどうでしょう。日本は米の国といっていいほど稲作の盛んな国です。人々は汗水垂らして米作りに励み、豊作のために祈りをささげる毎日を過ごしてきました。そうやって心血を注いで育てた稲が台風でだめになったり、イノシシやシカに食べられたりしたら、①人々はどう感じたでしょうか。台風には逆らえませんから、ただ祈るしかありませんが、イノシシやシカには強い憎しみを感じたにちがいありません。そして、そのイノシシやシカを殺してくれるのがオオカミです。当然、オオカミは自分たちの味方と考えたことでしょう。したがって、②オオカミは敬われ、神のようになっていきました。事実、オオカミをまつる三峯神社は、米の豊作祈願の神社なのです。

つまり、米を軸にした農業を営んだ日本では、稲を食べる草食獣を殺してくれるオオカミは神として敬われるようになったのです。

しかし、現代の日本人は、オオカミを神のように敬ってはいません。それればかりか、明治時代にはオオカミの徹底的な撲滅作戦が繰り広げられ、その影響もあって、日本のオオカミは、明治三十八年

(1) ——線①「人々はどう感じたでしょうか」とありますが、人々が感じた内容が書かれた部分を文章中から一文で探し、初めの五字を書きなさい。

(2) ——線②「オオカミは敬われ、神のようになっていきました」とありますが、なぜですか。次の文の□A・Bに当てはまる言葉を文章中から抜き出しなさい。

・オオカミは、日本人にとって大切な[A]を食べる草食獣を[B]から。

A □ B □

(3) ——線③「絶滅してしまった」とありますが、その原因として明治時代に行われたことは何ですか。文章中から十三字で抜き出しなさい。

(4) ——線④「狂犬病の流行」について、次の問いに答えなさい。

❶「狂犬病」の説明として当てはまらないものを次から一つ選び、記号で答えなさい。

に捕獲(ほかく)された若いオスの記録を最後に③絶滅してしまったとされているのです。神として敬われていたことを考えると、この手のひらを返すような迫害(はくがい)は不思議な気もしますが、それには日本人のオオカミに対する見方の変化が関わっていると考えられるのです。

　では、次に、なぜ日本ではオオカミのイメージがすっかり変化してしまったのかを考えてみましょう。

　江戸(えど)時代の中頃(なかごろ)、日本人のオオカミに対する見方を一変させる出来事が起こります。それは、海外から入ってきた④狂犬病(きょうけんびょう)の流行です。狂犬病はイヌ科の動物がかかりやすい感染症(かんせんしょう)で、発病した動物にかまれることによって人にも感染し、いったん発症すると数日間で死亡するという恐(おそ)ろしい病気です。狂犬病にかかったオオカミは獰猛(どうもう)になり、何にでもかみつくようになるために、人をもよく襲いました。狂犬病のオオカミに襲われた人は、たとえそのときは命を落とさずにすんだとしても、後になって狂犬病を発症し激しく苦しんで死ぬこともあったのです。こうしたことから、オオカミはにわかに忌(い)まわしい動物となっていきました。

　そして、明治時代になると、日本の社会は大きな変革期を迎(むか)えます。国は「富国強兵」をスローガンに近代化・軍国化を急ぎ、積極的に西洋の知識や価値観を取り入れました。そんな中、オオカミを悪者にしたヨーロッパの童話も入ってきました。うそをついてはいけないという教訓で有名な「オオカミ少年」などいくつかの童話は、当時の教科書にも掲載(けいさい)され、広く普及(ふきゅう)しました。⑤このことがオオカミのイメージをますます悪化させたと考えられます。

高槻成紀「オオカミを見る目」より

ア　発症すると獰猛になり、人にもかみつくようになる。
イ　人が狂犬病の動物に襲われるとその日に全員死亡する。
ウ　イヌ科の動物がかかりやすい感染症である。

2　「狂犬病の流行」によって、日本人はオオカミをどのようなものとして見るようになりましたか。文章中から七字で抜き出しなさい。

□□□□□□□

(5)　——線⑤「このこと」とは、どんなことですか。次の文の□に当てはまる言葉を文章中から抜き出しなさい。

・オオカミを□にしたヨーロッパの童話が日本に入ってきたこと。

□□

ヒント

(5)　指示語はまず直前から探していくとよい。明治時代に入ってきた「ヨーロッパの童話」のイメージが、オオカミに対するイメージの変化に大きく影響している。

Step 2

オオカミを見る目

20分

／100

目標 75点

1 文章を読んで、問いに答えなさい。思

▼教 65ページ10行～67ページ12行

では、次に、①なぜ日本ではオオカミのイメージがすっかり変化してしまったのかを考えてみましょう。

江戸時代の中頃、日本人のオオカミに対する見方を一変させる出来事が起こります。それは、海外から入ってきた狂犬病の流行です。狂犬病はイヌ科の動物がかかりやすい感染症で、発病した動物にかまれることによって人にも感染し、いったん発症すると数日間で死亡するという恐ろしい病気です。狂犬病にかかったオオカミは獰猛になり、何にでもかみつくようになるために、人をもよく襲いました。狂犬病のオオカミに襲われた人は、たとえそのときは命を落とさずにすんだとしても、後になって狂犬病を発症し激しく苦しんで死ぬこともあったのです。こうしたことから、オオカミはにわかに忌まわしい動物となっていきました。

そして、明治時代になると、日本の社会は大きな変革期を迎えます。国は「富国強兵」をスローガンに近代化・軍国化を急ぎ、積極的に西洋の知識や価値観を取り入れました。そんな中、オオカミを悪者にしたヨーロッパの童話も入ってきました。うそをついてはいけないという教訓で有名な「オオカミ少年」などいくつかの童話は、当時の教科書にも掲載され、広く普及しました。このことがオオカミのイメージをますます悪化させたと考えられます。

(1) ――線①「なぜ日本ではオオカミのイメージがすっかり変化してしまったのか」とありますが、この答えは何ですか。次から二つ選び、記号で答えなさい。

ア オオカミは獰猛で、人を襲ってかみついてしまう動物だから。

イ オオカミを介し、人間が狂犬病になり死ぬこともあったから。

ウ キリスト教信者が増えて、オオカミを悪魔と考えたから。

エ 明治時代に西洋のオオカミのイメージを取り入れたから。

オ オオカミに不利な条件が重なり、絶滅してしまったから。

(2) ――線②「オオカミはとうとう絶滅してしまった」について、次の問いに答えなさい。

❶ なぜ絶滅したのですか。――線②と同じ段落の言葉を使って書きなさい。

❷ 絶滅したことに対して、現在の日本ではどのように考えられていますか。それが分かる一文を探し、初めの四字を書きなさい。

(3) ――線③「オオカミに対する見方が正反対のものになってしまった」とありますが、日本とヨーロッパで、オオカミに対する見方が違ったのはなぜですか。簡潔に答えなさい。

点UP

(4) 筆者はオオカミの例から、どんなことを言いたいのですか。簡潔に答えなさい。

オオカミに対する見方のこうした変化を背景に、オオカミは害獣として駆除の対象とされるようになっていきました。更に、感染症であるジステンパーの流行、開発による生息地の減少、食料であるシカの激減など、オオカミにとって不利な条件が重なって、日本の②オオカミはとうとう絶滅してしまったのです。

　ところが、現在では、増えすぎたシカによる被害が日本中で問題になっているため、オオカミの絶滅が自然のバランスを崩し、シカの激増を招いてしまったという反省の声もあるのです。

　こうしたオオカミの例は、野生動物に対する考え方が、その社会によっていかに強い影響を受けるかをよく示しています。日本とヨーロッパでは、同じ農業を営んでいても、その在り方が違ったために、③オオカミに対する見方が正反対のものになってしまったのです。そして、更に注目されるのは、社会の状況の変化によってそれがまた変わりうるということです。日本におけるオオカミのイメージの変化は、まさにそのことを示しています。

　このように、人の考えや行いは、置かれた社会の状況によって異なりもするし、また変化もしうるのだということを、心に留めておいてください。

高槻成紀「オオカミを見る目」より

2 ――線の片仮名を漢字で書きなさい。

❶ えものを待ちブせする。
❷ 農業をジクにした生活。
❸ 生活のキバンを整える。
❹ 神にイノりをささげる。

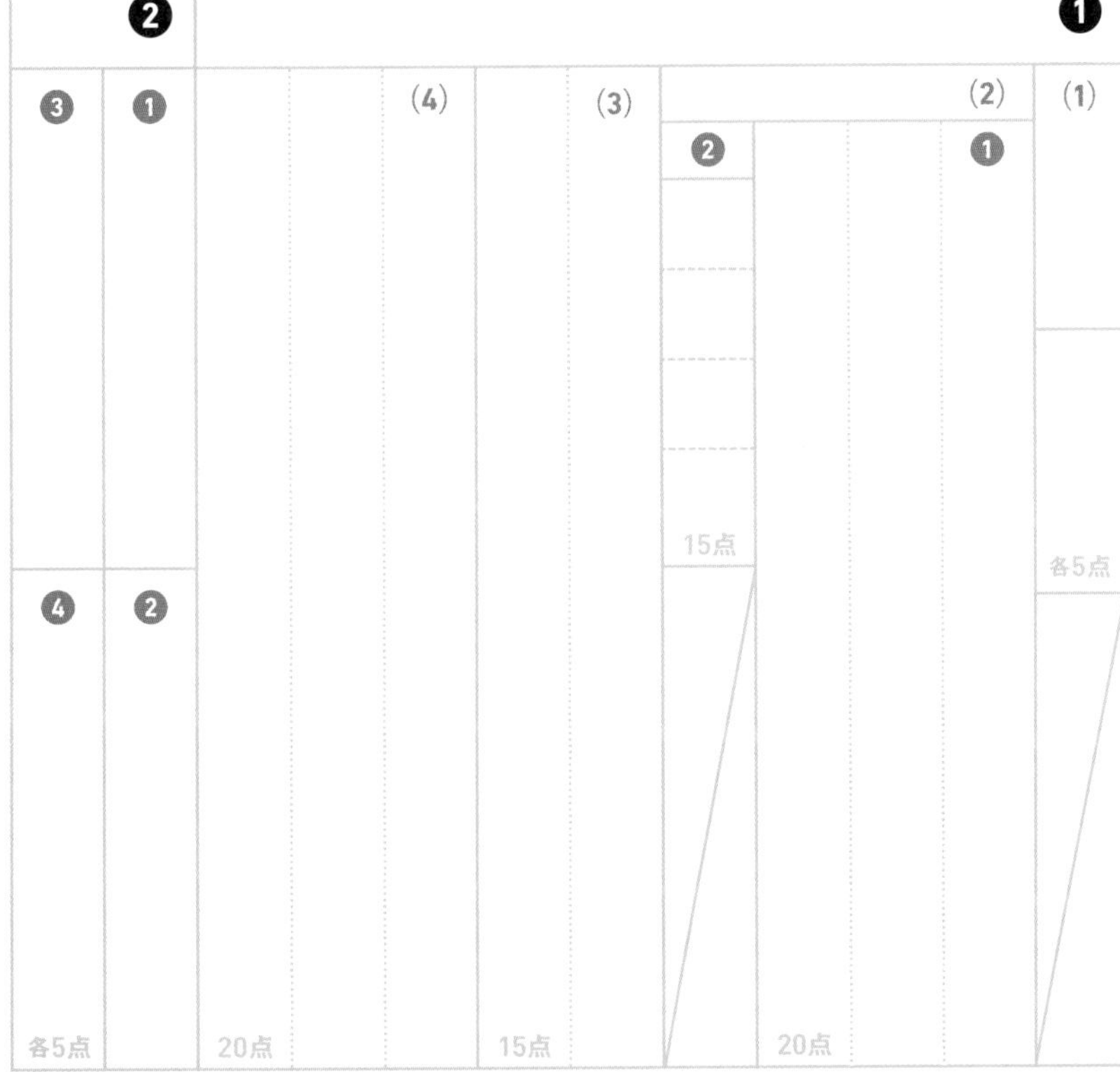

成績評価の観点　思…思考・判断・表現

Step 2

文法の窓2 文の成分・連文節
漢字道場2 音読み・訓読み
（オオカミを見る目～漢字道場2）

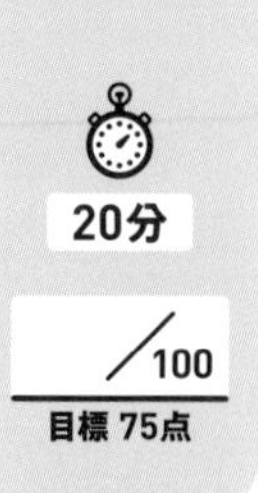

❶ ―線の漢字の読み仮名を書きなさい。

① 平和の象徴。
② 文脈を捉える。
③ 敵に襲撃される。
④ 病気を恐れる。
⑤ 牛の牧畜。
⑥ 草食獣
⑦ 害虫の撲滅。
⑧ 感染症
⑨ 更に延ばす。
⑩ 爽やかな風。
⑪ 無粋な質問。
⑫ 幻覚が見える。
⑬ 優秀な成績。
⑭ 時間を割く。
⑮ 雑巾を縫(ぬ)う。

❶			
1	5	9	13
2	6	10	14
3	7	11	15
4	8	12	

各2点

❷ ―線の片仮名を漢字に直しなさい。

① ずるガシコい
② 野菜のサイバイ。
③ アクマのささやき。
④ イネを育てる。
⑤ エド時代の文化。
⑥ フキュウする
⑦ ヒガイにあう。
⑧ 積み木をクズす。
⑨ オクビョウな性格。
⑩ モモを食べる。
⑪ 石けんのアワ。
⑫ カね備える
⑬ フウリンが鳴る。
⑭ 鉛筆(えんぴつ)のシン。
⑮ 靴(くつ)がヨゴれる。

❷			
1	5	9	13
2	6	10	14
3	7	11	15
4	8	12	

各2点

［解答▶p.6］

3 次の各問いに答えなさい。

(1) 次の文の――線部は、文の成分の何に当たりますか。後から一つずつ選び、記号で答えなさい。

❶ あなたは、 私の 思いを 理解できますか。

❷ 欲しかった 本は、 完売だった。

❸ やあ、 今から どこへ 行くの？

ア 主語　イ 述語　ウ 修飾語　エ 接続語　オ 独立語

(2) 次の文の　　部の連文節の種類を後から一つずつ選び、記号で答えなさい。

❶ この 本は とても おもしろい。

❷ 教師に なる、 これが 私の 夢だ。

❸ 遅い 時間なので、 もう 寝よう。

ア 主部　イ 述部　ウ 修飾部　エ 接続部　オ 独立部

(3) 次の文の――線の文節どうしの関係を後から一つずつ選び、記号で答えなさい。

❶ 私は その 本の 上巻と 下巻を 買った。

❷ 雨に 備えて かさを 持って きた。

❸ 赤い 花が 庭に 咲いた。

ア 主・述の関係　イ 修飾・被修飾の関係　ウ 接続の関係　エ 並立の関係　オ 補助の関係

3	❶	❷	❸	
(1)				各2点
(2)				各3点
(3)				各3点

4 次の各問いに答えなさい。

(1) 次の意味になる、音読みの漢字二字の熟語を作りなさい。

❶ 新しい品　❷ 頭が痛い　❸ 火を消す　❹ 心を決める

(2) 次の熟語の読み方を後から一つずつ選び、記号で答えなさい。

❶ 絵心　❷ 麦畑　❸ 若気　❹ 図書

ア 湯桶読み　イ 重箱読み　ウ 音＋音　エ 訓＋訓

4	❶	❷	❸	❹	
(1)					各2点
(2)					各2点

テストに出る

●文節どうしの関係

- **主・述の関係**…主語（主部）と述語（述部）の関係。
- **修飾・被修飾の関係**…修飾語（修飾部）と修飾される文節（連文節）の関係。
- **接続の関係**…接続語（接続部）と受ける文節（連文節）の関係。
- **並立の関係**…二つ以上の文節が対等に並ぶ関係。
- **補助の関係**…下の文節が上の文節の意味を補う関係。

Step 1

碑（いしぶみ）

15分

1 文章を読んで、問いに答えなさい。

▼教 82ページ1行～84ページ13行

①原子爆弾が炸裂した瞬間のことを、作家の大田洋子さんは、「屍の街」の中で次のように書いておられます。

私は蚊帳の中でぐっすり眠っていた。八時十分だったともいわれ、八時三十分だったともいうけれど、そのとき私は、海の底でいなずまに似た青い光に包まれたような夢を見たのだった。するとすぐ、大地を震わせるような恐ろしい音が鳴り響いた。雷鳴がとどろきわたるかと思うような、言いようのない音響につれて、山上から巨大な岩でも崩れかかってきたように、家の屋根が激しい勢いで落ちかかってきた。

＊＊

四学級担任の箕村登先生が、「②血路は川だ、飛び込め。」と言われたのを、たくさんの生徒が聞いて、満潮の本川に三、四メートルの高さの土手から飛び込んでいます。

山田哲治君は数人の同級生が本川の中に爆風で吹き飛ばされるのを見ました。

下野義樹君は、「点呼が終わると同時に退避」という声を聞き、爆弾が落ちた、川に飛び込め、という声をかすかに聞いて本川に飛び

(1) ――線①「原子爆弾が炸裂した瞬間」とありますが、このときのことを大田洋子さんはどのように表現していますか。次から一つ選び、記号で答えなさい。

ア 爆風のすさまじさを擬態語を多用して表現している。
イ 爆発の印象を淡々と語りかけるように表現している。
ウ 爆発の衝撃の大きさを比喩を使って表現している。

（　）

(2) ――線②「血路は川だ、飛び込め」とは、どういう意味ですか。次から一つ選び、記号で答えなさい。

ア 助かるには、川に飛び込むしかない。
イ 川に飛び込んだら助からない。
ウ まだ生きていたら川に飛び込んだほうがいい。

（　）

(3) この文章には、何人の生徒の名前が出ていますか。漢数字で書きなさい。

［　］人

(4) 生徒たちの話からどんなことが分かりますか。次の文の[A]・[B]に当てはまる言葉を文章中から抜き出しなさい。

・原子爆弾の爆発による[A]と[B]の恐ろしさ。

A ［　　］
B ［　　］

込んだ。爆発と同時に、黒く焼けた人が多かった。」と話しています。

四学級の酒井春之君がお母さんに言い残したことです。

「そのとき、一瞬後ろを振り返ったら、れんがの塀が倒れるのが見え、逃げ遅れた友人がたくさんその土煙の中に消えた。」

岡田彰久君は、「腰まで土砂に埋まったが、気がついて、燃える砂を手で掘ってはい出た。」と言っております。

そのとき、砂も燃えたのです。

＊＊

爆風の後、猛火が生徒を川に追いやり、新大橋の近くにあった雁木には、近くにいた地方義勇隊、女学生たち二千人が押しかけたといわれます。「屍の街」には、その当時のことが、こう書かれています。

もうどの人の形相も変わり果てたものになっている。川原の人は刻々に増え、重いやけどの人々で目立つようになった。初めのうちはそれがやけどとは分からなかった。火事になっていないのに、どこであんなに焼いたのだろう。③不思議な、異様なその姿は、恐ろしいのでなく、悲しく浅ましかった。煎餅を焼く職人が、あの鉄の天火で一様に煎餅を焼いたように、どの人も全く同じな焼け方だった。

制作・広島テレビ放送　構成・松山善三「碑」〈広島テレビ放送・台本「碑」〉より

(5) ――線③「不思議な、異様なその姿」について、次の問いに答えなさい。

❶ 「不思議な、異様な」姿とは、どんな姿ですか。次の文の［　］A・Bに当てはまる言葉を文章中から抜き出しなさい。

・［A］が変わり果てるほどの、［B］を負っている姿。

A ［　　］

B ［　　　　］

❷ その姿を、大田洋子さんはどのように感じていますか。文章中から九字で抜き出しなさい。

［　　　　　　　　　］

ヒント

(2) 「血路」とは、困難な状況を切り抜ける道という意味である。先生は、それが「川だ」と言い、生徒たちを助けようとしている状況を読み取ろう。

(4) 生徒たちの体験談をよく読む。「吹き飛ばされる」「黒く焼けた人が多かった」「れんがの塀が倒れる」「燃える砂」などの言葉から、原子爆弾の何が恐ろしかったのか考える。

Step 2

碑（いしぶみ）

20分
／100
目標 75点

❶ 文章を読んで、問いに答えなさい。思

▼教 89ページ16行～90ページ33行

［昭和二十年八月六日、広島に原子爆弾が投下された。］

二十六キロ離れた呉市から夜道を歩き通してこられた渋江茂樹君のお母さんは午前五時、川土手で息を引き取ったばかりのお子さんの遺体を発見しました。

「長男の顔は赤く焼けて腫れ、指も焼けただれて死んでおりました。私の着く寸前に息を引き取ったのでしょう、頬を流れた涙が、まだ乾いてなくて、朝日にきらりと光っていました。川土手に着いたとき、まだ五人生きていたのですが、見る間に四人が死に、一人は兵隊が担架にのせてどこかに連れていきました。」

本川の川土手では、遺体を探し当てたお母さんやお父さんのむせび泣く声が、絶え間ありませんでした。

＊＊

①死に場所が分かった生徒もいますが、広島二中一年生の三百二十一人の半数近くは、遺体を見つけることができませんでした。つまり、行方不明なのです。

お父さん、お母さんは、市内、郊外の救護所や死体収容所を、あてどもなく探しました。

家にたどり着いた子供にも、死期が近づきました。

佐伯郡廿日市町で、酒井春之君は、七日朝、七時二十五分、お母

(1) ──線①「死に場所が分かった生徒もいます」とありますが、他の多くの生徒はどうなっていましたか。文章中から五字以内で抜き出しなさい。

(2) ──線②「『話は、明日、ゆっくり聞くから、今夜は静かに寝ようね。』となだめた」とありますが、春之君のお母さんがこのように言ったのはなぜですか。「優先」という言葉を使って書きなさい。

(3) ──線③「死ぬのでしたら、夜を徹してでも、話を聞くのでしたのに」とありますが、このときの春之君のお母さんの気持ちに当てはまらないものを次から一つ選び、記号で答えなさい。

ア 怒り　イ 後悔　ウ やるせなさ　エ 悲しみ

(4) ──線④「りっぱに……」とありますが、この後どういう言葉が続くと考えられますか。「任務」という言葉を使って簡潔に書きなさい。

点UP
(5) ──線⑤「意味の深い言葉」とありますが、明治君のお母さんは、どういう意味だと思ったのですか。「お母ちゃん」という言葉を使って書きなさい。

点UP
(6) ──線⑥「こうして一人残らず全滅しました」とありますが、このことから何が分かりますか。「原子爆弾」「被害」という言葉を使って書きなさい。

さんにみとられて亡くなりました。

「枕もとに詰めかけた祖母を呼び、おじやおばに話しかけ、妹の手を取って、意識は、はっきりしておりました。『②話は、明日、ゆっくり聞くから、今夜は静かに寝ようね。』となだめたのですが、『昼に川の中で十分寝たからいいよ。』と苦しそうにないのが何よりでした。③死ぬのでしたら、夜を徹してでも、話を聞くのでしたのに。」

大竹市の家で、五学級の山下明治君は四日目の九日、明け方、お母さんにみとられて亡くなりました。

「明治は、亡くなるとき、弟、妹の一人一人に別れの言葉を言い、私が、鹿児島のおじいさんに何と言いましょうか、と申しましたら、『④りっぱに……。』と申しました。死期が迫り、私も思わず、『お母ちゃんもいっしょに行くからね。』と申しましたら、『後からでいいよ。』と申しました。そのときは無我夢中でしたが、後から考えますと、なんとまあ、⑤意味の深い言葉でしょうか。『お母ちゃんに会えたからいいよ。』とも申しました。」

五学級の桜美一郎君は、お父さん、お母さんに舟入救護所から吉島町の社宅に運ばれ、十一日、午前八時十分、亡くなりました。

八月六日が誕生日でした。

桜美一郎君が、広島二中の最後の死亡者でした。

＊＊

本川土手に整列した広島二中の一年生、三百二十一人と四人の先生は、⑥こうして一人残らず全滅しました。

制作・広島テレビ放送　構成・松山善三「碑」
〈広島テレビ放送・台本「碑」〉より

❷ ――線の片仮名を漢字で書きなさい。

① ヤナギが風にゆれる。
② 会社のドウリョウ。
③ 敵地をテイサツする。
④ 寒くてフルえる。

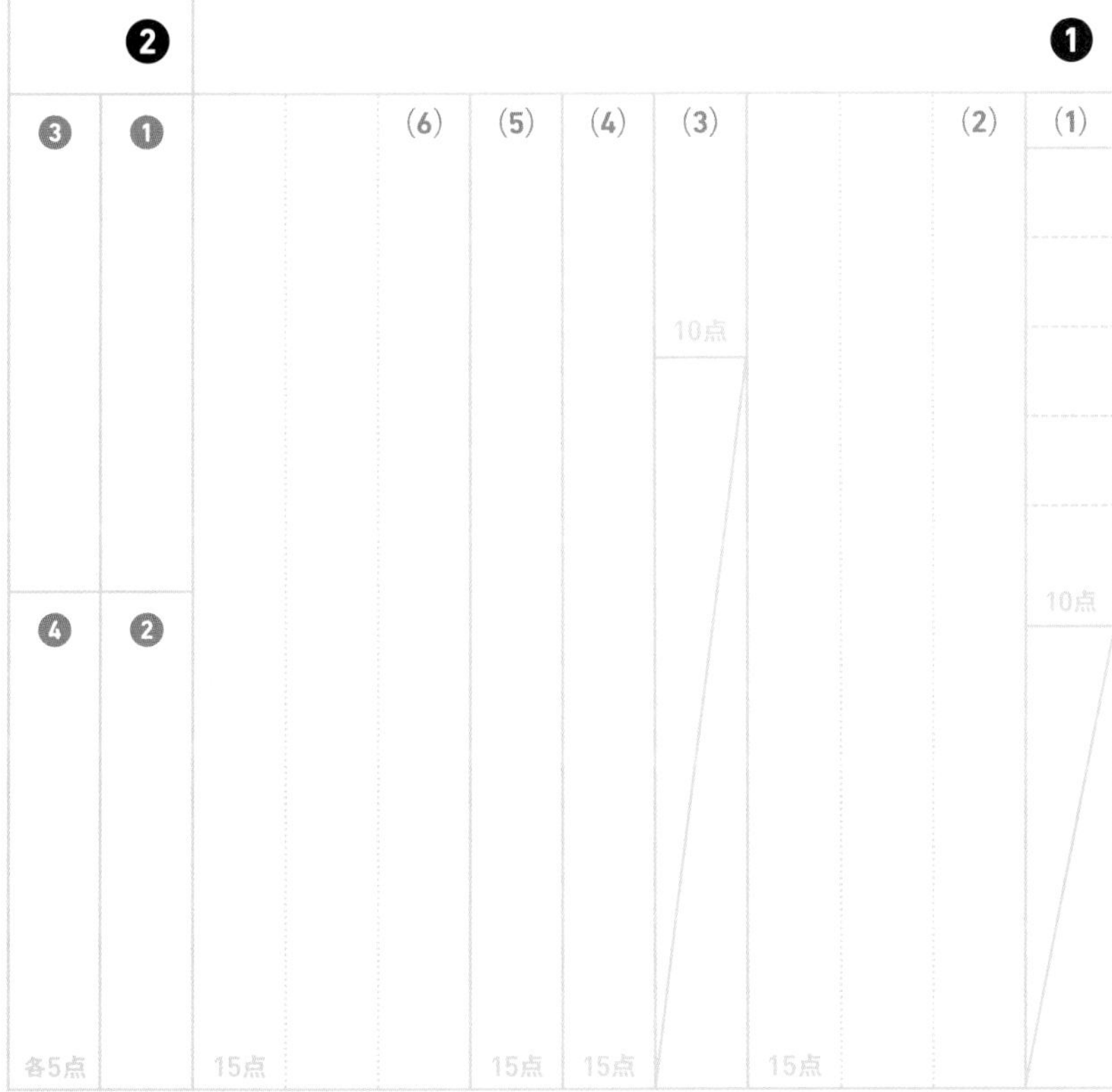

Step 1

私(わたし)のタンポポ研究

15分

❶ 文章を読んで、問いに答えなさい。

▼㊀ 99ページ12行～101ページ4行

まずは、①種子がどの温度でどれくらい発芽するのかを調べることにしました。

実験では、種子が発芽する割合が温度の違(ちが)いによってどのように変わるかを調べます。具体的には、四度から、三度ずつ高くして三十四度まで、十一段階の温度を設定します。そしてカントウタンポポ、セイヨウタンポポ、雑種タンポポの三種類の種子を用意して、それぞれの温度で毎日何粒(つぶ)が発芽したのかを、三週間にわたって調べるのです。

②実験結果をグラフとともに見ていきましょう。

カントウタンポポの種子は温度ごとに発芽率が異なりました。二十二度以上では急に発芽率が低くなります。また、低い温度でも発芽率が低くなり、四度ではほとんど発芽しません。このことから、七度から十九度の限

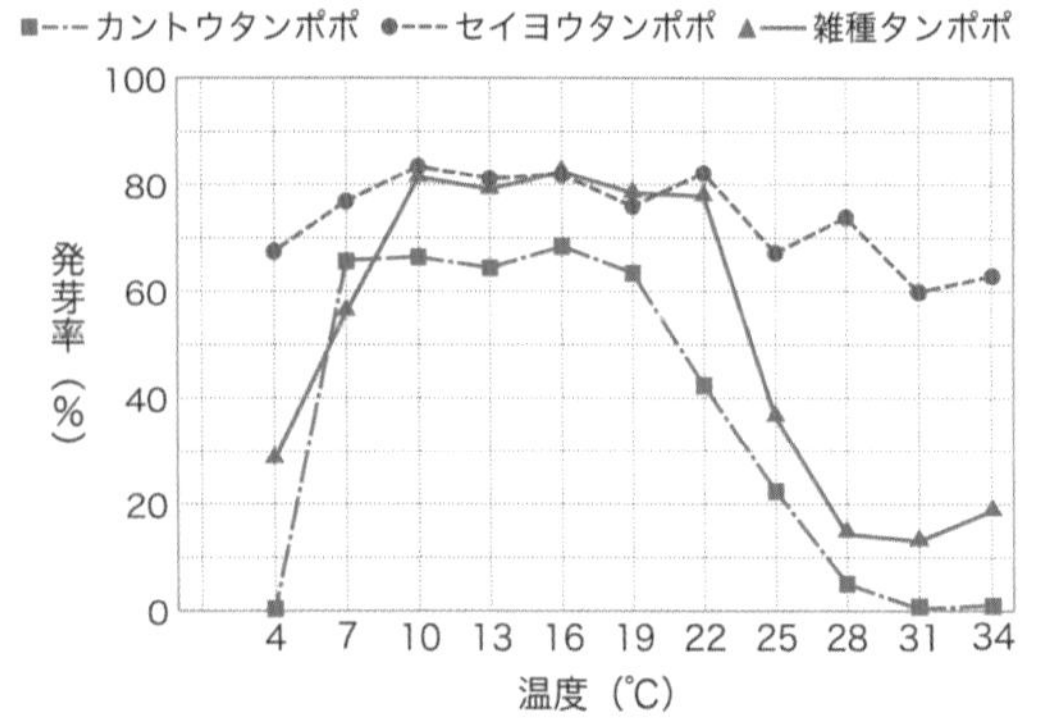

■-·-カントウタンポポ　●---セイヨウタンポポ　▲— 雑種タンポポ
発芽率（%）: 0, 20, 40, 60, 80, 100
温度（℃）: 4, 7, 10, 13, 16, 19, 22, 25, 28, 31, 34

3種類のタンポポの各温度での発芽率

(1) ――線①「種子がどの温度でどれくらい発芽するのか」を調べるために行った実験を次のようにまとめました。□に当てはまる言葉を文章中から抜(ぬ)き出しなさい。

・温度の設定…四度から三度ずつ高くして□□段階
・タンポポの種類…□種類
・期間…□週間
↓それぞれの温度で毎日何粒が発芽するかを調べる実験

(2) ――線②「実験結果」について、次の問いに答えなさい。

❶ 実験結果として適切なものを次から一つ選び、記号で答えなさい。

ア カントウタンポポの種子は、どんな温度でも同じように発芽した。
イ セイヨウタンポポの種子は、低い温度と高い温度ではあまり発芽しなかった。
ウ 雑種タンポポの種子は発芽率の傾向(けいこう)がカントウタンポポと似ていた。

（　　）

られた温度のときによく発芽することが分かります。

　セイヨウタンポポの種子は、カントウタンポポとは異なる発芽パターンを示しました。調べた温度では、どの温度でもほとんど同じような発芽率でした。つまり、温度に関係なく発芽する性質を備えているのです。

　そして、雑種タンポポの種子はというと、発芽率は温度により変化しました。高い温度では、二十五度以上になると急に発芽率が低くなります。低い温度でも、七度以下になると発芽率が低下します。このように、カントウタンポポと同様、高い温度では発芽しない性質を備えていたのです。

　では、高温で発芽しなかったカントウタンポポや雑種タンポポの種子は生きているのでしょうか。それとも、暑さのために枯(か)れてしまったのでしょうか。

　そこで、発芽しなかった種子を最も発芽率の高かった③十六度に置いてみました。すると、どちらの種類のタンポポも、種子の大部分が速(すみ)やかに発芽したのです。

　つまり、カントウタンポポや雑種タンポポの種子には、高温では発芽せずに種子のまま過ごし、適温になると速やかに発芽する性質があったのです。

保谷彰彦「私のタンポポ研究」より

❷　この実験結果からどんなことが分かりましたか。次の文の□□に当てはまる言葉を文章中から抜き出しなさい。
・セイヨウタンポポは温度に[A]発芽するが、カントウタンポポと雑種タンポポは[B]になるまで発芽しない。

A □□□□　B □□

(3)　――線③「十六度に置いてみました」とありますが、なぜ十六度にしたのですか。次の文の□□に当てはまる言葉を文章中から三字で抜き出しなさい。
・十六度が最も□□が高かったから。

□□□

ヒント

(2)　❶次の段落から三種類のタンポポの実験結果を一つずつ説明している。カントウタンポポと雑種タンポポの傾向が似ていて、セイヨウタンポポだけ異なるパターンを示したことがグラフからも分かる。
❷カントウタンポポと雑種タンポポは、どの温度でも発芽するわけではないという実験結果を押(お)さえよう。

結論は最後の段落に書かれているよ。

Step 2

私(わたし)のタンポポ研究

20分

／100
目標 75点

1 文章を読んで、問いに答えなさい。思

▼教 101ページ5行～103ページ3行

ここで、日本の都市部を襲(おそ)う夏の猛暑(もうしょ)を想像しながら、セイヨウタンポポと雑種タンポポの芽生えの生き残りやすさについて考えてみましょう。

雑種タンポポの種子は二十五度以上になると発芽しにくくなるため、その種子の多くは夏には発芽せず、じっと種子のまま過ごすでしょう。これに対して、セイヨウタンポポの種子は三十四度でも発芽することから、夏でも発芽するでしょう。①小さな芽生えの状態で、暑さの真っただ中にいると考えられます。

そうだとすれば、暑さの中で発芽するセイヨウタンポポは枯(か)れやすく、涼(すず)しくなってから発芽する雑種タンポポは生き残りやすいのではないでしょうか。

そこで、次に、芽生えの生き残りやすさについて調べることにしました。②特に注目するのは「セイヨウタンポポの芽生えは高温で生き残れるのか」ということです。もし生き残れるなら、セイヨウタンポポの種子が暑さの中で発芽しても、あまり問題はありません。しかし、もしもセイヨウタンポポの芽生えが暑さに弱いのなら、都市部で子孫を残すことは難しいと予想されます。

発芽実験のときと同様に、三種類のタンポポを比較(ひかく)しました。まず、それぞれの種子を十六度で発芽させます。次に、温度を六度、

(1) この文章は、何について述べていますか。文章中から三十一字で探し、初めと終わりの五字を書きなさい。

(2) ――線①「小さな芽生えの状態で、暑さの真っただ中にいると考えられます」とありますが、このように考えられるのはなぜですか。文章中の言葉を使って書きなさい。

点UP

(3) ――線②「特に注目するのは『セイヨウタンポポの芽生えは高温で生き残れるのか』ということ」とありますが、なぜ、ここに注目するのですか。文章中の言葉を使って簡潔に答えなさい。

(4) ――線③「実験結果」とありますが、この実験はどのような結果になりましたか。簡潔に答えなさい。

(5) ――線④「雑種タンポポの種子」、⑤「セイヨウタンポポの種子」は、夏の暑さの中で発芽すると、それぞれどうなると予想できますか。次の文の□に当てはまる言葉を答えなさい。

④ 雑種タンポポは、基本的には夏の暑さを避けて発芽するが、もし暑さの中で発芽しても□。

⑤ セイヨウタンポポの種子は暑くても発芽するが、□。

(6) この文章の結論として、どのタンポポが一番生き残りやすそうですか。タンポポの名前を答えなさい。

十六度、二十四度、三十一度、三十六度の五段階に設定し、芽生えを育てます。育て始めてから四週間がたったら、生き残った個体数を調べるのです。

今度も③実験結果をグラフとともに見ていきましょう。六度から二十四度までは、どの種類のタンポポも大部分が生き残っていました。ところが、三十一度以上では、タンポポによって生き残る割合が異なったのです。三十一度でも、三十六度でも、雑種タンポポのほうが、セイヨウタンポポよりも生き残る割合が高くなりました。

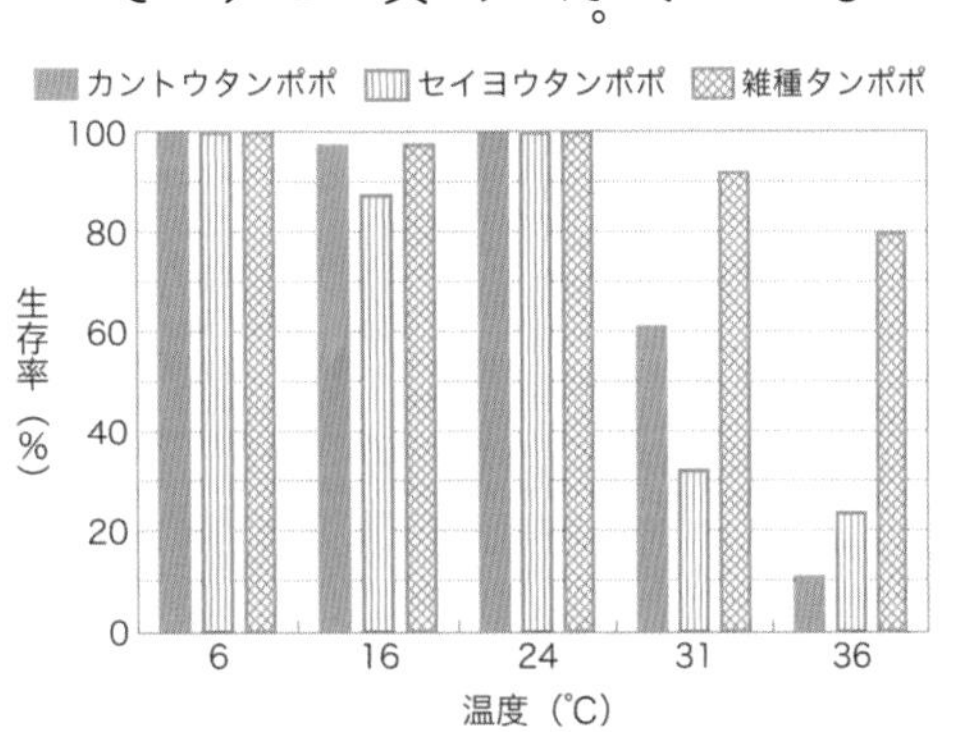

各温度で生き残った芽生えの割合

ここまでの二つの実験結果から、もう一度、セイヨウタンポポと雑種タンポポの芽生えの生き残りやすさについて考えてみましょう。

④雑種タンポポの種子には夏の暑さを避けて発芽する性質があるということが分かりました。涼しくなってから発芽した雑種タンポポは、枯れずに成長するチャンスが高まるでしょう。しかも、もし暑さの中で発芽してしまったとしても、雑種タンポポの芽生えは高温にさらされながら生き残る可能性がありそうです。一方、⑤セイヨウタンポポの種子は暑くても発芽します。しかし、その芽生えは暑さに弱いため、恐らく枯れてしまうことが多くなるでしょう。

保谷彰彦「私のタンポポ研究」より

❷ ――線の片仮名を漢字で書きなさい。

❶ 敵をクチクする。
❷ クワしく述べる。
❸ ナゾを解く。
❹ スミやかに帰る。

成績評価の観点 思…思考・判断・表現

グラフ：令和２年検定済 東京書籍 中国１年より

Step 2

日本語探検3 方言と共通語
漢字道場3 漢字の部首
（碑(いしぶみ)〜漢字道場3）

20分

／100
目標 75点

1 ――線の漢字の読み仮名を書きなさい。

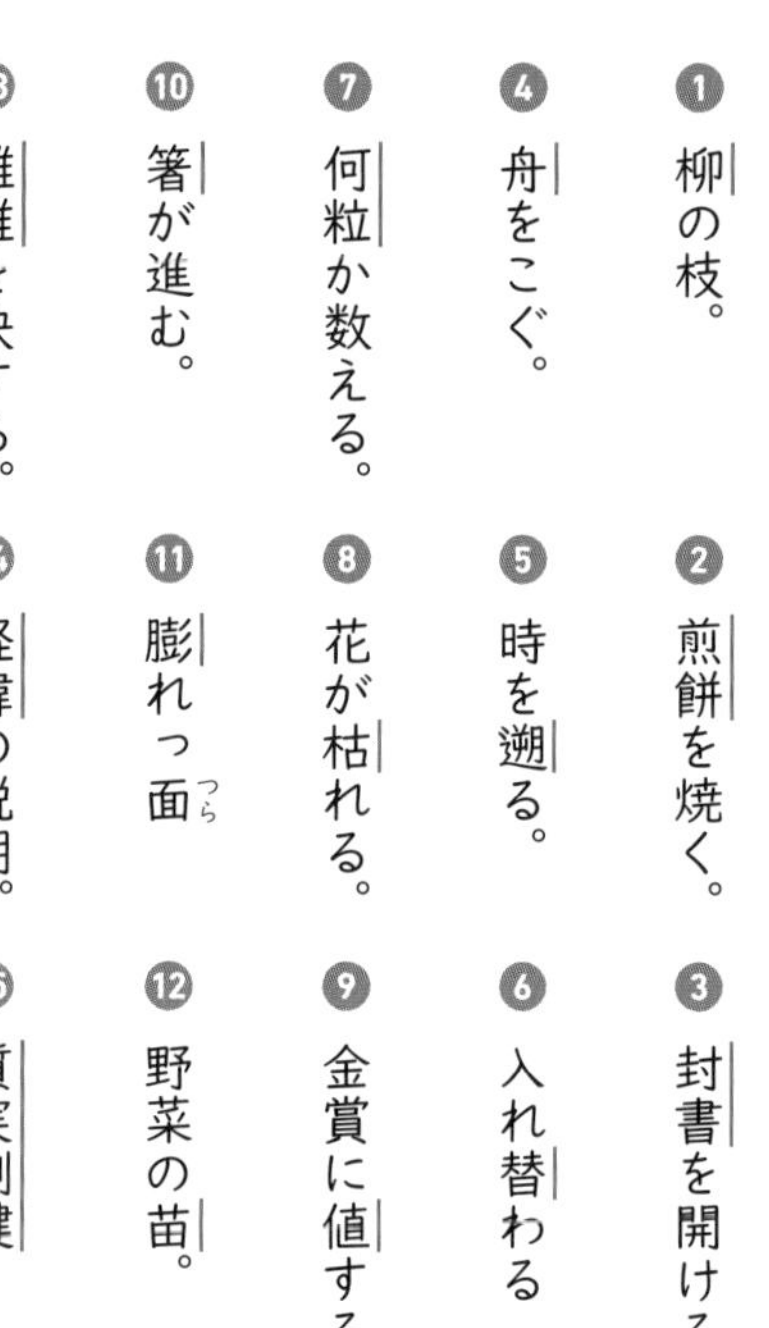

1 柳の枝。
2 煎餅を焼く。
3 封書を開ける。
4 舟をこぐ。
5 時を遡る。
6 入れ替わる
7 何粒か数える。
8 花が枯れる。
9 金賞に値する。
10 箸が進む。
11 膨れっ面(つら)
12 野菜の苗。
13 雌雄を決する。
14 経緯の説明。
15 質実剛健

1			
1	5	9	13
2	6	10	14
3	7	11	15
4	8	12	

各2点

2 ――線の片仮名を漢字に直しなさい。

1 橋をカける。
2 敵のテイサツ。
3 友人をハゲます。
4 マクラもとに置く。
5 味方にテッする。
6 他とヒカクする。
7 混雑をサける。
8 書籍(しょせき)のエツラン。
9 大会のカイサイ。
10 カンムリをかぶる。
11 姉をシタう。
12 国家のアンタイ。
13 テイコウする
14 カンヨウな態度。
15 エリを正す。

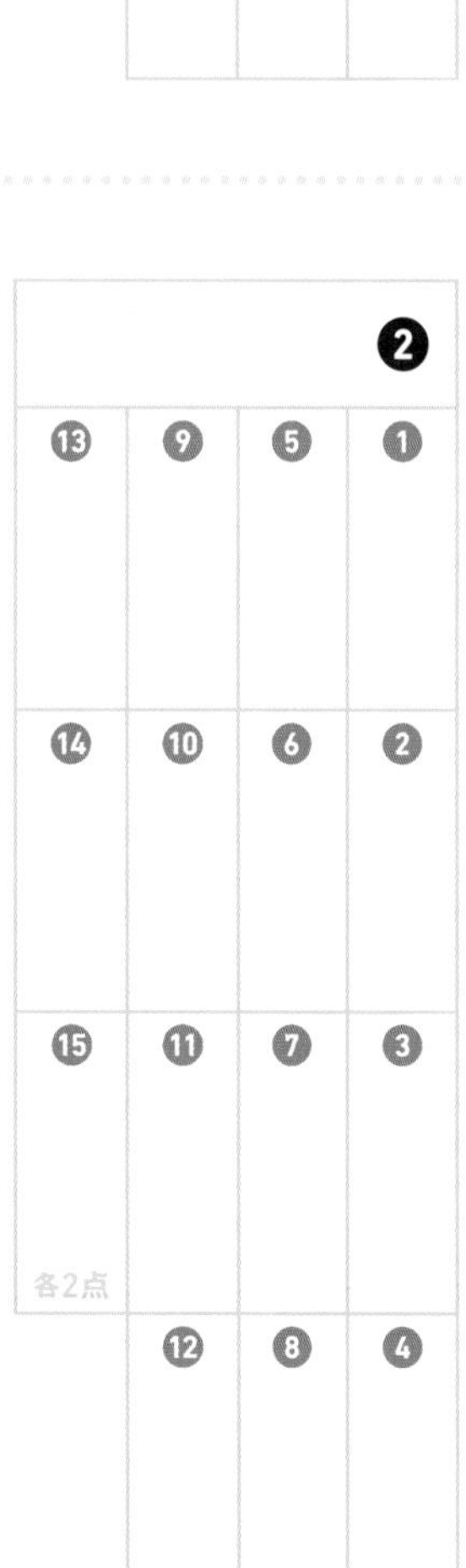

2			
1	5	9	13
2	6	10	14
3	7	11	15
4	8	12	

各2点

3 次の各問いに答えなさい。

(1) 次の言葉についての説明が「方言」に当てはまるときはア、「標準語」に当てはまるときはイと書きなさい。

❶ 東京の言葉がもとになっている。

❷ それぞれの地域で、家族や友達と話すときに使われる。

❸ 地域により異なる。

❹ メディアや書き言葉などで使われることが多い。

(2) 次の――線の方言を共通語に直しなさい。

❶ 風邪（かぜ）をひいて、からだがこわい。

❷ 散らかした部屋をなおす。

❸ 背が伸（の）びたので、去年の服がせまい。

❹ 必要ないのでほっておく。

3		
(1)	❶	❷
	❸	❹ 各5点
(2)	❶	❷
	❸	❹ 各2点

4 次の各問いに答えなさい。

(1) （　）の部首名を参考にして、部首の元となる漢字が同じものを後から一つずつ選び、記号で答えなさい。

❶ 被（ころもへん）　❷ 押（てへん）

❸ 脳（にくづき）　❹ 性（りっしんべん）

ア 拳(て)　イ 装(ころも)　ウ 腐（ふ）(にく)　エ 志(したごころ)

(2) 次の各組の漢字の中から、部首が他と異なるものを一つずつ選び、記号で答えなさい。

❶ ア 神　イ 視　ウ 社　エ 祖

❷ ア 間　イ 関　ウ 聞　エ 閉

4		
(1)	❶	❷
	❸	❹ 各2点
(2)	❶	❷ 各2点

テストに出る

●漢字の部首

① 偏（へん）…字の左側に付く。　例 亻（にんべん）

② 旁（つくり）…字の右側に付く。　例 刂（りっとう）

③ 冠（かんむり）…字の上に付く。　例 艹（くさかんむり）

④ 脚（あし）…字の下に付く。　例 灬（れっか）

⑤ 繞（にょう）…字の左から下。　例 廴（えんにょう）

⑥ 垂（たれ）…字の上から左。　例 疒（やまいだれ）

⑦ 構（かまえ）…字の周り。　例 囗（くにがまえ）

Step 1 月夜の浜辺

15分

1 詩を読んで、問いに答えなさい。

▼㊝122ページ1行～123ページ8行

月夜の浜辺　　中原 中也

月夜の晩に、ボタンが一つ
波打際に、落ちてゐた。

それを拾つて、役立てようと
僕は思つたわけでもないが
なぜだかそれを捨てるに忍びず
僕はそれを、袂に入れた。

月夜の晩に、ボタンが一つ
波打際に、落ちてゐた。

それを拾つて、役立てようと

(1) この詩にはリズムが感じられますが、それは何音の繰り返しによるものですか。漢数字で答えなさい。

□音

(2) この詩にはどんな表現技法が使われていますか。次から一つ選び、記号で答えなさい。

ア 倒置　イ 反復　ウ 擬人法

(　)

(3) 月夜の晩に「僕」は何を拾いましたか。詩の中から抜き出しなさい。

(　)

(4) 17行目「どうしてそれが、捨てられようか?」について、次の問いに答えなさい。

❶ このときの「僕」の気持ちを次から一つ選び、記号で答えなさい。

ア 捨てられるわけがない。
イ どうしても捨てたい。
ウ 捨てたいが捨てられない。

(　)

僕は思つたわけでもないが
　月に向つてそれは抛れず
　浪に向つてそれは抛れず
僕はそれを、袂に入れた。

月夜の晩に、拾つたボタンは
指先に沁み、心に沁みた。

月夜の晩に、拾つたボタンは
どうしてそれが、捨てられようか？

（数字は行番号を表す。）

中原中也「月夜の浜辺」〈「新編　中原中也全集」〉より

2

❶のような気持ちになった理由が分かる部分を「から。」に続く形で、詩の中から抜き出しなさい。

（　　　　　　　　）から。

(5) 作者にとって、このボタンはどのようなものだと想像できますか。適切でないものを次から一つ選び、記号で答えなさい。

ア　なぜか他のものに替えられない、貴重に感じられるもの。
イ　何かの飾りに使いたいと思うほど、高貴で美しいもの。
ウ　作者の嘆きや悲しみなどの思いを受け止めてくれるもの。

（　　）

ヒント

(1) 声に出して読んでみるとよい。

(5) 作者にとって、今拾ったばかりのこのボタンがどのようなものに思われたかは、ボタンをなぜか捨てられずにいることから考える。「それを拾って、役立てようと／僕は思ったわけでもないが」にも注目しよう。

幻想的な雰囲気の中、作者のもの悲しくはかない気持ちがよまれているね。

Step 1

移り行く浦島太郎の物語

15分

1 文章を読んで、問いに答えなさい。

▼教127ページ10行～128ページ20行

続いてもっと前の時代、①奈良時代の浦島太郎も見てみましょう。「丹後国風土記」という書物の中に、浦島太郎のもととなったと思われる話が載っています。

その昔、丹後の国に浦島子とよばれる男性がいました。ある日、島子は釣りに出かけ、美しく輝いている亀を釣り上げます。ふと島子が居眠りをしているうちに、その亀はきれいな女性になりました。女性は島子を、蓬莱山という仙人の住む島へ連れていきます。しかし、三年すると島子は故郷に戻ってしまい、そこで長い時間が過ぎ去っていることを知ります。悲しみのあまり、別れるときにもらった箱を開けると、島子の肉体は天空に飛び去ってしまいました。そして島子と女性は和歌を詠み合い、二度と会えないことを嘆き悲しみました。

そう、まず「風土記」では主人公の名前も、物語の舞台となる場所も、今の物語とは違っているのです。二人がいっしょに行く場所も、竜宮城ではなく蓬莱山ですし、最後に和歌を詠み合って悲しみを分かち合うというのも異なっています。

現在の私たちが知っている浦島太郎の物語は、これら古典の中に

(1) ――線①「奈良時代の浦島太郎」とありますが、今の浦島太郎と違うことを次のようにまとめました。それぞれの□に当てはまる言葉を、文章中から抜き出しなさい。

❶ 主人公の名前…□□□

❷ 舞台となる場所…□□の国

❸ 二人がいっしょに行く場所…□□□

❹ 物語の最後…□□を詠み合って悲しみを分かち合う

(2) 今の浦島太郎では、❶「二人がいっしょに行く場所」と❷「物語の最後」はどのように書かれていますか。それぞれの□に当てはまる言葉を、文章中から抜き出しなさい。

❶ □□□

❷ □□□を開けて□□□□□になってしまう。

出てくる浦島太郎をもとに、明治時代の小説家が、子供向けに書き換えたものだといわれています。最後、おじいさんになってしまうのは、約束を破って玉手箱を開けてしまったからでしょう。

　このほか、江戸時代には浦島太郎の物語を下敷きにした物語が書かれましたし、小説家の太宰治も、浦島太郎の物語を題材とした作品を書いています。このように浦島太郎の物語は、②時代を経てさまざまに変化してきたのです。

　皆さんは古典のことを、まるで博物館のケースの中にあるような、貴重だけど手を触れてはいけないもの、長い時間がたっても変わらないものだと思っていませんか。③浦島太郎の物語が教えてくれるように、古典は時代の変化の中で移り行くものですし、その時代時代の人々に受け継がれ、新たな作品を生み出す力となるものです。どうか皆さんもこれから古典に積極的に手を伸ばし、自らの想像力を働かせ、自由に楽しんでほしいと思います。

「移り行く浦島太郎の物語」より

(3) ――線②「時代を経てさまざまに変化してきた」とありますが、「変化」の内容として適切でないものを次から一つ選び、記号で答えなさい。

ア　小説家の太宰治が、浦島太郎を題材にした作品を書いた。

イ　明治時代の小説家が、今の浦島太郎の元となる作品を書いた。

ウ　江戸時代に、古典から今の浦島太郎の作品に書き換えられた。

（　　）

(4) ――線③「浦島太郎の物語が教えてくれるように」とありますが、筆者は、古典とはどのようなものと述べていますか。文章中から十四字と三十二字で探し、それぞれ初めの五字を書きなさい。

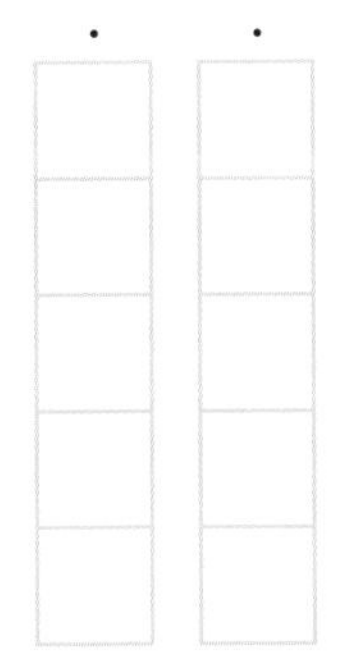

ヒント

(2) 奈良時代の浦島太郎の話の部分と、その直後の段落の内容を読み、今の浦島太郎とは大きく違うことを押さえよう。

(4) ここまでの「浦島太郎」の例と説明から分かることは、最後の段落でまとめられている。

Step 1

伊曽保物語

15分

❶ 文章を読んで、問いに答えなさい。

▼㊜132ページ上1行〜133ページ下21行

鳩と蟻のこと

ある川のほとりに、蟻遊ぶことありけり。①にはかに水かさ増さりきて、かの蟻を誘ひ流る。浮きぬ沈みぬするところに、鳩こずゑよりこれを見て、「②あはれなるありさまかな。」と、こずゑをちと食ひ切つて川の中に落としければ、蟻これに乗つて渚に上がりぬ。かかりけるところに、ある人、竿の先に鳥もちを付けて、かの鳩をささむとす。蟻心に思ふやう、「③ただ今の恩を送らむものを。」と思ひ、かの人の足にしつかと食ひつきければ、おびえあがつて、竿をかしこに投げ捨てけり。④そのものの色や知る。しかるに、鳩⑤これを悟りて、いづくともなく飛び去りぬ。

そのごとく、人の恩を受けたらむ者は、いかさまにもその報ひをせばやと思ふ志を持つべし。

【現代語訳】

ある川のほとりで、蟻が遊んでいることがあった。急に水の量が増えてきて、その蟻をさらって流れる。浮いたり沈んだりしているところに、鳩が枝の先からこれを見て、「かわいそうな様子であることだなあ。」と、枝の先を少しかみ切って川の中に落としたとこ

(1) ——線①「にはかに」を現代仮名遣いに直しなさい。

（　　　　）

(2) ——線②「あはれなる」の意味を、現代語訳の中から抜き出しなさい。

（　　　　）

(3) ——線③「ただ今の恩」とありますが、どのような恩ですか。次の文の□A・Bに当てはまる言葉を、現代語訳から抜き出しなさい。

・蟻が A でおぼれていたところに、鳩が B を投げ入れて助けてくれた恩。

A □

B □□□

(4) ——線④「そのものの色や知る」とありますが、どんな意味ですか。次から一つ選び、記号で答えなさい。

ア 鳩を捕らえようとしていた人が、自分が蟻にかまれてしまったことの本当の意味を知っていただろうか。

イ 蟻を助けた鳩が、自分を襲った人間がさらに蟻をも襲おうとしていることの意味を知っていただろうか。

ろ、蟻はこれに乗って水際に上がった。このようなときに、ある人が、竿の先に鳥もちを付けて、その鳩を捕らえようとする。蟻が心に思うことには、「たった今の恩に報いたいのだがなあ。」と思い、その人の足にしっかりとかみついたところ、ひどくおびえて、竿をあちらに投げ捨てた。（この人には）その出来事の（起こった）事情が分かっただろうか。（いや、分かるまい。）けれども、鳩はこれを理解して、どこへということもなく飛び去ってしまった。

そのように、人から恩を受けたような者は、どのようにしてでもその恩を返したいと思う気持ちを持つべきである。

「伊曽保物語」より

ウ　鳩を捕らえようとしていた人が、自分の行いが仕返しとなってかえってきていることを知っていただろうか。

(5)　――線⑤「これ」の指す内容を次から一つ選び、記号で答えなさい。（　　）

ア　自分と蟻をいっしょに捕まえようとする人がいたこと。
イ　蟻が人の足にかみついて自分を助けてくれたこと。
ウ　人が蟻におびえて竿をあちらに投げ捨てたこと。

(6)　この話の教訓を、古文中から抜き出しなさい。

（　　　　　　　　）

ヒント

(3)　「ただ今の恩を送らむものを」と思ったのは蟻である。蟻が鳩からどんな恩を受けたのかをまとめよう。

(6)　この話の教訓は、最後の段落にまとめられている。作者が、鳩と蟻の話からどんなことを伝えたかったのか、現代語訳も参考に抜き出す。指示語などは入れないよう注意する。

Step 1

竹取物語（たけとりものがたり）

15分

1 文章を読んで、問いに答えなさい。

▼㊖135ページ4行〜136ページ下20行

竹の中から生まれたかぐや姫は、最初、人間がどういうものか分かりませんでした。しかし、翁や嫗、更にはさまざまな求婚者たちとの関わり合いの中で、この世に生きる人々の優しさや愚かさを学んでいきます。うそをついてでもかぐや姫と結婚しようとする求婚者や、かぐや姫との別れを悲しむ翁たちの姿に、皆さんは何を感じるでしょうか。

「竹取物語」を読むということは、かぐや姫といっしょになって、人間とは何かを考えていくことでもあります。皆さんも、この物語に登場する人物たちの姿を通して、理屈では割り切れない心を持つ人間の切なさと美しさを、ぜひ味わってみてください。

今は昔、竹取の翁といふ者ありけり。野山にまじりて竹を取りつつ、よろづのことに使ひけり。名をば、さぬきのみやつことなむいひける。

その竹の中に、もと光る竹なむ一筋ありける。あやしがりて、寄りて見るに、筒の中光りたり。それを見れば、三寸ばかりなる人、いとうつくしうてゐたり。

翁言ふやう、「我、朝ごと夕ごとに見る竹の中におはするにて知りぬ。子になりたまふべき人なめり。」とて、手にうち入れて、家

(1) ――線①「竹の中から生まれたかぐや姫」とありますが、翁がかぐや姫を見つけたときの様子が書かれている部分を古文中から一段落で探し、初めの六字を書きなさい。

(2) ――線②「この物語に登場する人物たち」とありますが、古文中に登場する人物を、古文より前の文章から全て抜き出しなさい。

（　　　　　）

(3) ――線③「よろづ」、④「いひける」を現代仮名遣いに直し、全て平仮名で書きなさい。

③（　　　　）

④（　　　　）

(4) ――線⑤「それ」が指している語句を、古文中から三字で抜き出しなさい。

へ持ちて来ぬ。妻の嫗に預けて養はす。うつくしきこと、限りなし。いと幼ければ、⑧籠に入れて養ふ。

【現代語訳】

今はもう昔のことだが、竹取の翁という人がいた。野や山に分け入って竹を取っては、いろいろなことに使っていた。名前を、さぬきのみやつこといった。

（ある日のこと、）その竹の中に、根元の光る竹が一本あった。不思議に思って、近寄って見ると、筒の中が光っている。それを見ると、三寸ほどの人が、たいへんかわいらしい様子で座っている。

翁が言うことには、「私が、毎朝毎晩見る竹の中にいらっしゃるので分かった。（私の）子におなりになるはずのかたのようだ。」と言って、手（のひら）に入れて、家に持って帰った。妻の嫗に任せて育てさせる。かわいらしいこと、このうえない。たいへん幼いので、籠に入れて育てる。

「竹取物語」より

(5) ——線⑥「我、朝ごとに夕ごとに見る竹の中におはする」は現代語ではどのような意味ですか。現代語訳から抜き出しなさい。

（　　　　　　　　　　　　　　　　）

(6) ——線⑦「手にうち入れて、家へ持ちて来ぬ」とありますが、誰が何を持ち帰ったのですか。次の文の［　］A・Bに当てはまる言葉を古文より前の文章から抜き出しなさい。

・［A］が［B］を持ち帰った。

A［　］　B［　　　　］

(7) ——線⑧「籠に入れて養ふ」とありますが、なぜですか。次から一つ選び、記号で答えなさい。

ア　とても幼かったから。
イ　逃がしたくなかったから。
ウ　人に見られたくなかったから。

（　　　）

ヒント

(1) 翁がかぐや姫を見つけたときの様子が書かれている段落を現代語訳を参考に探そう。

(6) 古文では、主語や目的語が省略されることがあるので、注意する。

Step 2

竹取物語（たけとりものがたり）

20分

／100

目標 75点

❶ 文章を読んで、問いに答えなさい。 思

▼教 141ページ上1行〜142ページ下10行

そのときに、かぐや姫、「しばし待て。」と言ふ。「衣着せつる人は、心異になるなりといふ。①もの一言、言ひおくべきことありけり。」と言ひて、②文書く。天人、「遅し。」と③心もとながりたまふ。

かぐや姫、「④もの知らぬこと、なのたまひそ。」とて、いみじく静かに、朝廷に⑤御文奉りたまふ。⑥あわてぬさまなり。

【現代語訳】

そのときに、かぐや姫は、「しばらく待ちなさい。」と言う。「(天人が）羽衣を着せた人は、心が（人間とは）異なってしまうといいます。一言、言っておかねばならないことがありました。」と言って、手紙を書く。天人は、「遅い。」といらいらしていらっしゃる。

かぐや姫は、「ものをわきまえないことを、おっしゃらないでください。」と言って、たいそうもの静かに、帝にお手紙をさしあげなさる。冷静な様子である。

(1) ——線①「もの一言、言ひおくべきことありけり」とありますが、このときのかぐや姫の気持ちに当てはまらないものを、次から一つ選び、記号で答えなさい。

ア この世への未練。

イ 月の世界への望郷。

ウ 翁への感謝の気持ち。

エ 帝への気遣い。

(2) ——線②「文」とありますが、誰に向けて書いているのですか。現代語訳から抜き出しなさい。

(3) ——線③「心もとながりたまふ」とありますが、何に対するどんな様子を表していますか。現代語で書きなさい。

(4) ——線④「もの知らぬこと、なのたまひそ」とありますが、ものをわきまえないことを言っているのは誰ですか。

(5) ——線⑤「御文」を現代仮名遣いに直し、全て平仮名で書きなさい。

(6) ——線⑥「あわてぬさまなり」は、誰の様子ですか。

点UP

(7) ——線⑦「翁を、いとほし、かなしと思しつることもうせぬ」とありますが、かぐや姫がこのような気持ちになったのはなぜですか。現代語で書きなさい。

かぐや姫の手紙には、兵士を派遣して守ろうとしてくださったにもかかわらず昇天していくことの悲しみや、宮中へのお召しを断った理由、そのため無礼な者と思われてしまったことへの心残りなどがつづられていました。帝への思いを託した和歌を添えて、かぐや姫はこの手紙を不死の薬といっしょに、帝の側近の一人である頭中将に渡しました。

中将取りつれば、ふと天の羽衣うち着せ奉りつれば、⑦翁を、いとほし、かなしと思しつることもうせぬ。この衣着つる人は、物思ひなくなりにければ、車に乗りて、百人ばかり天人具して、昇りぬ。

【現代語訳】

頭中将が（手紙と不死の薬を）受け取ったので、（天人は）さっと天の羽衣を（かぐや姫に）着せてさしあげたところ、（かぐや姫の、）翁たちを、気の毒だ、ふびんだと思っていた気持ちもなくなってしまった。この羽衣を着たかぐや姫は、物思いがなくなってしまったので、（空を飛ぶ）車に乗って、百人ほどの天人を連れて、（天に）昇ってしまった。

「竹取物語」より

❷ ――線の片仮名を漢字で書きなさい。

❶ オロかな考え。

❷ リクツ抜きで行動する。

❸ 彼はヤサしい。

❹ 要求をキョヒする。

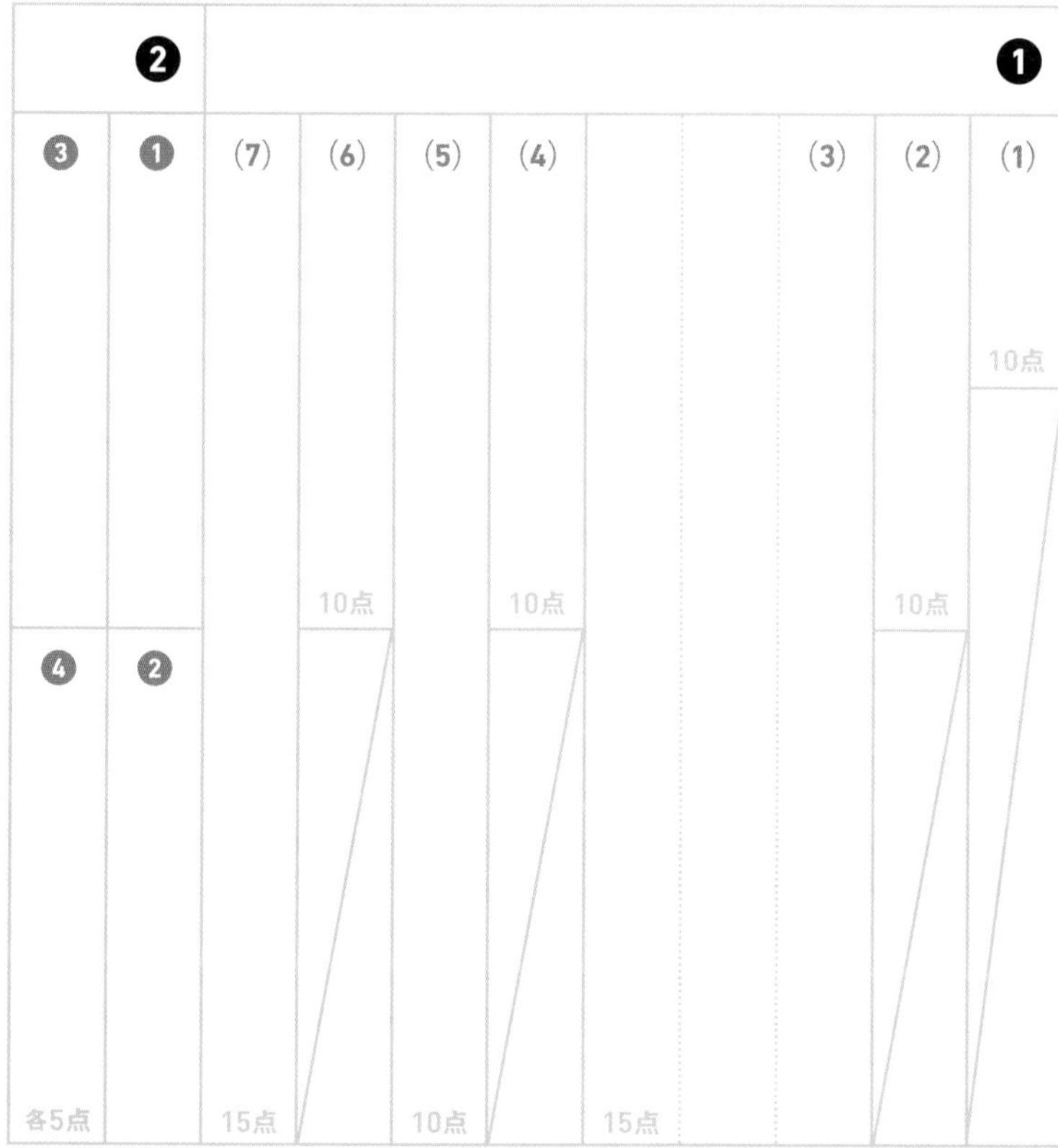

成績評価の観点 思…思考・判断・表現

Step 1 矛盾（むじゅん） 「韓非子（かんぴし）」より

15分

1 文章を読んで、問いに答えなさい。 ▼教144ページ上1行～145ページ4行

楚人（そひと）に盾（たて）と矛（ほこ）とを①鬻（ひさ）ぐ者有り。之（これ）を誉（ほ）めて曰（い）はく、「吾（わ）が盾の堅（かた）きこと、②能（よ）く陥（とほ）すもの莫（な）きなり。」と。又（また）、其（そ）の矛を誉めて曰はく、「吾が矛の③利（と）きこと、④物に於（お）いて陥さざる無きなり。」と。或（あ）るひと曰はく、「⑤子（し）の矛を以（も）つて、子の盾を陥さば、何如（いかん）。」と。其の人⑥応（こた）ふること能（あた）はざるなり。

【現代語訳】

楚の国の人に盾と矛とを売る者がいた。その盾を自慢（じまん）して言うには、「私の盾の堅いこと（といったら）、突（つ）き通せるものはないのだ。」と。更（さら）に、その矛を自慢して言うには、「私の矛の鋭（するど）いこと（といったら）、どんなものでも突き通さないものはないのだ。」と。（するど、）ある人が言うには、「あなたの矛で、あなたの盾を突いたら、どうであるか。」と。その人は答えることができなかったのである。

(1) ――線①「鬻ぐ」、――線③「利き」の意味を書きなさい。

① （　　　）

③ （　　　）

(2) ――線②「能く陥すもの莫きなり」を現代語に訳しなさい。

（　　　）

(3) ――線④「物に於いて陥さざる無きなり」の意味として合うものを次から一つ選び、記号で答えなさい。

ア どんなものでも突き通す。

イ どんなものも突き通せない。

ウ どんなにしても突き通すことができない。

（　　　）

(4) ――線⑤「子の矛を以つて、子の盾を陥さば」を次のように漢文で記した場合、返り点に従って読む順番を、□に数字で書きなさい。

以（ツテ）二 □ 子 □ 之（の） □ 矛（ヲ）一、 □ 陥（サバ）二 □ 子 □ 之 □ 盾（ヲ）一 □

声に出して読んでみるとよく分かりますが、このように中国由来の漢文を日本語として読んだ文章からは、格調が高く引き締まったリズムを感じ取ることができます。それに対して、日本古来の大和言葉には、しなやかな美しさがあります。その二つが存在することで、日本語はより優れた言葉に高められてきたのです。

「矛盾『韓非子』より」より

(5) ――線⑥「其の人応ふること能はざるなり」とありますが、それはなぜですか。次から一つ選び、記号で答えなさい。
ア 自分の話を信じずに質問してくる「或ひと」に対して、怒りの気持ちやいらだちが大きかったから。
イ 「或ひと」が当たり前のことを言ってきたので、無視することで失言だと気づかせようとしたから。
ウ 「或ひと」に、自分の話のつじつまの合わないことを指摘されて、返す言葉がなかったから。
（　　）

(6) 「矛盾」という故事成語の意味を、簡潔に答えなさい。
（　　）

ヒント

(4) 一・二点は、まず一点のついた漢字を読み、二字以上、下から返って二点のついた漢字を読む。したがって、左下に二点のある「以」は、下にある「矛」から三字返って読むことになる。同じように「陥」も、下の「盾」から三字返って読む。

(5) 何も突き通さない盾と、何でも突き通す矛は、同時には存在できないことを指摘されたのである。

Step 2

日本語探検4 語の意味と文脈・多義語
文法の窓3 単語の分類
(月夜の浜辺(はまべ)〜文法の窓3)

20分

/100

目標 75点

❶ ――線の漢字の読み仮名を書きなさい。

① 浦島太郎(たろう)
② 鶴の一声。
③ 長寿のお祝い。
④ 下敷きを使う。
⑤ 太陽が沈む。
⑥ 信頼(しんらい)に報いる。
⑦ 心優しい人物。
⑧ 理屈をこねる。
⑨ 丸い筒。
⑩ 彼とは親友だ。
⑪ 矛盾した考え。
⑫ 手を離す。
⑬ 針を突き通す。
⑭ 大和言葉
⑮ 解釈を誤る。

❶			
①	⑤	⑨	⑬
②	⑥	⑩	⑭
③	⑦	⑪	⑮
④	⑧	⑫	

各2点

❷ ――線の片仮名を漢字に直しなさい。

① カメを飼う。
② ムロマチ時代
③ 月がカガヤく。
④ ブタイで発表する。
⑤ 琴線(きんせん)にフれる。
⑥ ホンヤクする
⑦ 水にウかぶ。
⑧ 勇気をアタえる。
⑨ 断固キョヒする。
⑩ アキラめる
⑪ 靴(くつ)をヌぐ。
⑫ 手紙をソえる。
⑬ 背水のジン。
⑭ サッソク返信する。
⑮ 歩きツカれる

❷			
①	⑤	⑨	⑬
②	⑥	⑩	⑭
③	⑦	⑪	⑮
④	⑧	⑫	

各2点

❸ 次の――線の単語の品詞は何ですか。後から一つずつ選び、記号で答えなさい。

❶ 天気予報によると、明日は雨が降るようだ。
❷ 祖母の作る料理の、この味が好きだ。
❸ パンを焼いた。それから、目玉焼きを作った。
❹ 僕(ぼく)は二段ベッドの下に寝(ね)る。
❺ 相手に勝つための、すばらしい作戦を考えついた。
❻ あの湖の辺りは、とても静かだ。
❼ 姉は水泳部に所属している。
❽ あそこに見えるのが、図書館です。
❾ はい、私は昨日映画を見に行きました。
❿ 決して箱を開けてはならない。

ア 動詞　イ 形容詞　ウ 形容動詞　エ 名詞
オ 連体詞　カ 副詞　キ 接続詞　ク 感動詞
ケ 助動詞　コ 助詞

❸			
❶	❷	❸	❹
❺	❻	❼	❽
❾	❿		

各3点

❹ ――線の語の意味として適切なものを後から一つずつ選びなさい。

(1) ❶ 東の空に日が昇(のぼ)る。
❷ 最近は、だいぶ日が長くなった。
❸ あれからずいぶん日がたつ。
ア 日数　イ 太陽　ウ 昼間

(2) ❶ 母に電話をかける。　❷ 好きな音楽をかける。
ア 流す　イ 発信する

❹		
(1)	❶	❷	❸
(2)	❶	❷	

各2点

テストに出る

●品詞

動詞	動作・変化・存在などを表す単語。言い切りの形がウ段。
形容詞	物事の状態・性質を表す単語。言い切りの形が「い」。
形容動詞	物事の状態・性質を表す単語。言い切りの形が「だ（です）」。
名詞	物事の名前を表す単語。
連体詞	体言だけを修飾(しゅうしょく)する単語。
副詞	主に用言を修飾する単語。
接続詞	文、語句などをつなぐ単語。
感動詞	感動・応答などを表す単語。
助動詞	活用があり、自立語などの後に付く付属語。
助詞	活用がなく、自立語などの後に付く付属語。

Step 1

少年の日の思い出

15分

❶ 文章を読んで、問いに答えなさい。

▼㊡161ページ1行～162ページ15行

せめて例のチョウを見たいと、僕は中に入った。そしてすぐに、エーミールが、収集をしまっている二つの大きな箱を手に取った。どちらの箱にも見つからなかったが、やがて、そのチョウはまだ展翅板に載っているかもしれないと思いついた。①果たしてそこにあった。とび色のビロードの羽を細長い紙切れに張り伸ばされて、クジャクヤママユは展翅板に留められていた。僕はその上にかがんで、毛の生えた赤茶色の触角や、優雅で、果てしなく微妙な色をした羽の縁や、下羽の内側の縁にある細い羊毛のような毛などを残らず、間近から眺めた。あいにくあの有名な斑点だけは見られなかった。細長い紙切れの下になっていたのだ。

胸をどきどきさせながら、僕は紙切れを取りのけたいという誘惑に負けて、②留め針を抜いた。すると、③四つの大きな不思議な斑点が、挿絵のよりはずっと美しく、ずっとすばらしく、僕を見つめた。それを見ると、この宝を手に入れたいという逆らいがたい欲望を感じて、僕は生まれて初めて盗みを犯した。僕はピンをそっと引っ張った。チョウはもう乾いていたので、形は崩れなかった。僕はそれを手のひらに載せて、④エーミールの部屋から持ち出した。そのときさしずめ僕は、大きな満足感のほか何も感じていなかった。

チョウを右手に隠して、僕は階段を下りた。そのときだ。下の方

(1) ――線①「果たしてそこにあった」とありますが、①何が、②どこにあったのですか。①は八字、②は三字で文章中から抜き出しなさい。

①
②

(2) ――線②「留め針を抜いた」とありますが、このときの「僕」の気持ちを次から一つ選び、記号で答えなさい。

ア　チョウを見ることに必死で、勝手に人のものに触れることさえ良いことだと感じている。
イ　いけないことだとは分かりつつも、チョウを見たい気持ちを抑えきれないでいる。
ウ　エーミールにされたことを考えれば、自分のしていることは大したことないと思っている。

(3) ――線③「四つの大きな不思議な斑点が、挿絵のよりはずっと美しく、ずっとすばらしく、僕を見つめた」とありますが、ここで使われている表現技法を次から一つ選び、記号で答えなさい。

ア　倒置　　イ　体言止め　　ウ　擬人法

から誰か僕の方に上がってくるのが聞こえた。その瞬間に僕の良心は目覚めた。僕は突然、自分は盗みをした、下劣なやつだということを悟った。同時に見つかりはしないか、という恐ろしい不安に襲われて、僕は本能的に、獲物を隠していた手を、上着のポケットに突っ込んだ。ゆっくりと僕は歩き続けたが、大それた恥ずべきことをしたという、冷たい気持ちに震えていた。上がってきたお手伝いさんと、びくびくしながら擦れ違ってから、僕は胸をどきどきさせ、額に汗をかき、落ち着きを失い、自分自身におびえながら、⑤家の入り口に立ち止まった。

すぐに僕は、このチョウを持っていることはできない、持っていてはならない、元に返して、できるなら何事もなかったようにしておかねばならない、と悟った。そこで、人に出くわして見つかりはしないか、ということを極度に恐れながらも、急いで引き返し、階段を駆け上がり、一分ののちにはまたエーミールの部屋の中に立っていた。僕はポケットから手を出し、チョウを机の上に置いた。それをよく見ないうちに、僕はもう⑥どんな不幸が起こったかということを知った。そして泣かんばかりだった。クジャクヤママユは潰れてしまったのだ。前羽が一つと触角が一本なくなっていた。ちぎれた羽を用心深くポケットから引き出そうとすると、羽はばらばらになっていて、繕うことなんか、もう思いもよらなかった。

ヘルマン・ヘッセ／高橋健二・訳
「少年の日の思い出」〈「ヘッセ全集」〉より

(4) ――線④「エーミールの部屋から持ち出した」とありますが、このときの「僕」の気持ちが書かれた部分を文章中から十九字で探し、初めの五字を書きなさい。

(5) ――線⑤「家の入り口に立ち止まった」とありますが、このときの「僕」の気持ちが分かる擬態語を文章中から二つ、それぞれ四字で抜き出しなさい。

(6) ――線⑥「どんな不幸が起こったかということを知った」とありますが、どんなことが起こったのですか。簡潔に答えなさい。

ヒント

(2) 直前の「胸をどきどきさせながら、僕は紙切れを取りのけたいという誘惑に負けて」の「どきどきさせながら」に着目する。この時点で主人公は、人のものに勝手に触れることをどう感じていたのか考えよう。

(5) 擬態語とは、物事の状態や様子をそれらしく表した言葉である。

Step 2

少年の日の思い出

20分

／100

目標 75点

1 文章を読んで、問いに答えなさい。 思

▼教 164ページ13行～166ページ10行

あの模範少年でなくて、ほかの友達だったら、すぐにそうする気になれただろう。彼が僕の言うことを分かってくれないし、恐らく①全然信じようともしないだろうということを、僕は前もって、はっきり感じていた。かれこれ夜になってしまったが、僕は出かける気になれなかった。母は僕が中庭にいるのを見つけて、「今日のうちでなければなりません。さあ、行きなさい！」と小声で言った。それで僕は出かけていき、エーミールは、と尋ねた。彼は出てきて、すぐに、誰かがクジャクヤママユを台なしにしてしまった、悪いやつがやったのか、あるいは猫がやったのか分からない、と語った。僕はそのチョウを見せてくれと頼んだ。二人は上に上がっていった。彼はろうそくをつけた。僕は台なしになったチョウが展翅板の上に載っているのを見た。②エーミールがそれを繕うために努力した跡が認められた。壊れた羽は丹念に広げられ、ぬれた吸い取り紙の上に置かれてあった。しかしそれは直す由もなかった。触角もやはりなくなっていた。そこで、③それは僕がやったのだと言い、詳しく話し、説明しようと試みた。

すると、エーミールは激したり、僕を怒鳴りつけたりなどはしないで、低く、ちぇっと舌を鳴らし、しばらくじっと僕を見つめていたが、それから「そうか、そうか、つまり君はそんなやつなんだな。」

(1) ――線①「信じようともしない」とありますが、「僕」はエーミールに何を信じてほしかったのですか。次から一つ選び、記号で答えなさい。

ア　チョウを盗むつもりなどなかったということ。

イ　悪気があってチョウを潰したのではないこと。

ウ　チョウをだめにしたのは猫であるということ。

(2) ――線②「エーミールがそれを繕うために努力した跡が認められた」とありますが、「僕」はなぜ分かったのですか。文章中の言葉を使って書きなさい。

(3) ――線③「それは僕がやったのだ」とありますが、僕がやったことを文章中の言葉を使って簡潔に書きなさい。

点UP

(4) ――線④「僕はすんでのところであいつの喉笛に飛びかかるところだった」とありますが、結局飛びかからなかったのはなぜですか。適切なものを次から一つ選び、記号で答えなさい。

ア　エーミールに正義があると分かっていたから。

イ　エーミールの言葉の裏にやさしさを感じたから。

ウ　エーミールへの恐怖を感じて動けなかったから。

点UP

(5) ――線⑤「チョウを一つ一つ取り出し、指で粉々に押し潰してしまった」とありますが、このときの「僕」の気持ちを「罰する」という言葉を使って書きなさい。

と言った。

僕は彼に僕のおもちゃをみんなやると言った。それでも彼は冷淡に構え、依然僕をただ軽蔑的に見つめていたので、僕は自分のチョウの収集を全部やると言った。しかし彼は、「けっこうだよ。僕は君の集めたやつはもう知っている。そのうえ、今日また、君がチョウをどんなに取り扱っているか、ということを見ることができたさ。」と言った。

その瞬間、④僕はすんでのところであいつの喉笛に飛びかかるところだった。もうどうにもしようがなかった。僕は悪漢だということに決まってしまい、エーミールはまるで世界のおきてを代表でもするかのように、冷然と、正義を盾に、侮るように、僕の前に立っていた。彼は罵りさえしなかった。ただ僕を眺めて、軽蔑していた。

そのとき初めて僕は、一度起きたことは、もう償いのできないものだということを悟った。僕は立ち去った。母が根掘り葉掘り聞こうとしないで、僕にキスだけして、構わずにおいてくれたことをうれしく思った。僕は、床にお入り、と言われた。僕にとってはもう遅い時刻だった。だが、その前に僕は、そっと食堂に行って、大きなとび色の厚紙の箱を取ってき、それを寝台の上に載せ、闇の中で開いた。そして⑤チョウを一つ一つ取り出し、指で粉々に押し潰してしまった。

ヘルマン・ヘッセ／高橋健二・訳
「少年の日の思い出」〈「ヘッセ全集」〉より

2 ――線の片仮名を漢字で書きなさい。

1 ショサイで本を読む。
2 トウメイなグラスに水を注ぐ。
3 コい緑色の服を着る。
4 瓶のフタを開ける。

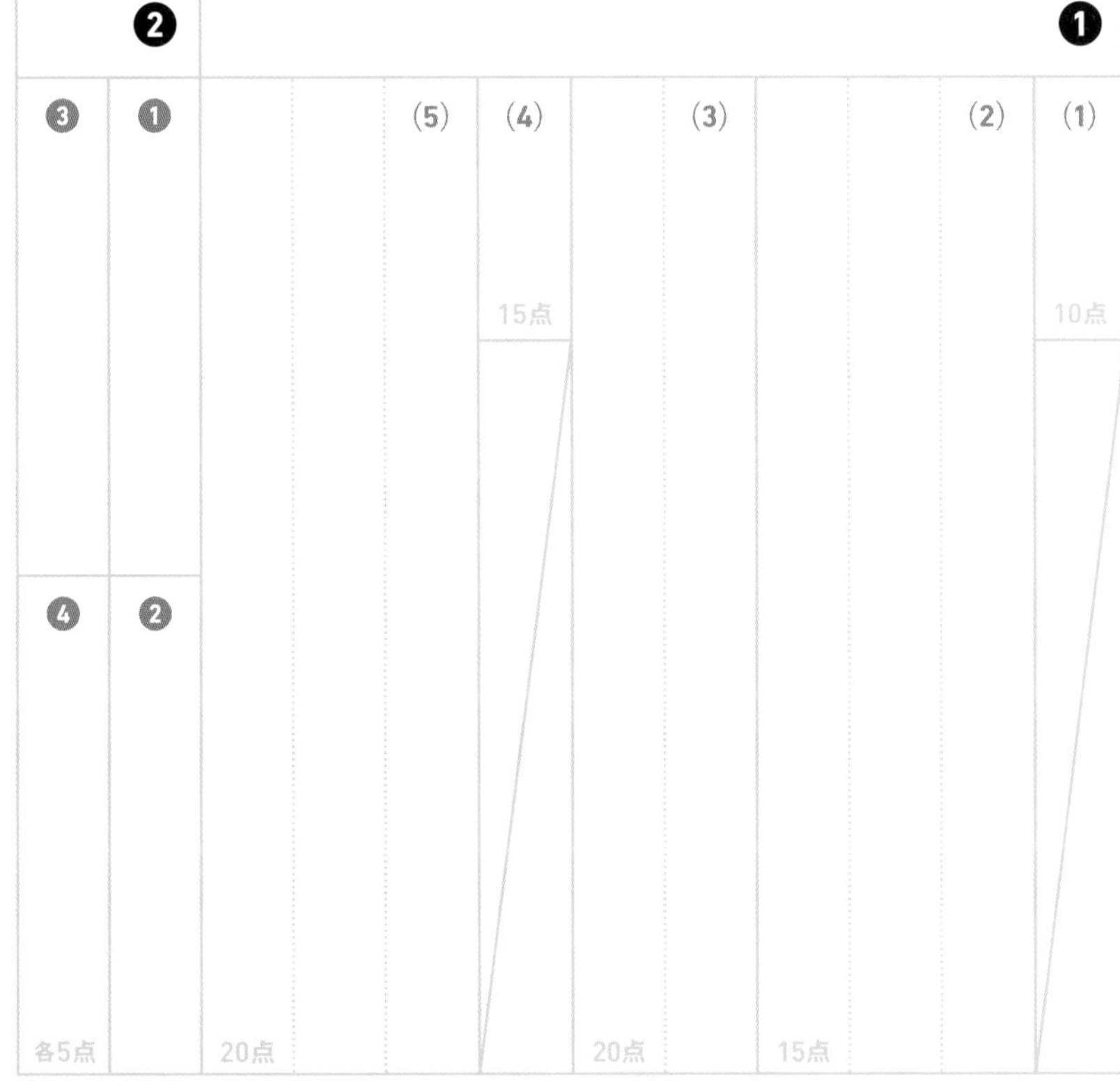

成績評価の観点 思…思考・判断・表現

Step 2

文法の窓4 名詞
漢字道場4 他教科で学ぶ漢字
（少年の日の思い出〜漢字道場4）

20分

／100
目標 75点

1 ――線の漢字の読み仮名を書きなさい。

1 珍しい昆虫（こんちゅう）。
2 妙な雰囲気（ふんいき）。
3 甲高い声。
4 お遊戯会
5 受賞に歓喜する。
6 獲物をしとめる。
7 靴下（くつした）を繕う。
8 心配が募る。
9 遺憾の意。
10 目尻が下がる。
11 三隻の船。
12 亜熱帯の地域。
13 弥生時代
14 脊椎動物の進化。
15 腎臓の機能。

1			
1	5	9	13
2	6	10	14
3	7	11	15
4	8	12	

各2点

2 ――線の片仮名を漢字に直しなさい。

1 レースでフチ取る。
2 アミで魚を捕（と）る。
3 特技をジマンする。
4 洗濯（せんたく）物をタタむ。
5 疑問をテイする。
6 ユウガな振（ふ）る舞（ま）い。
7 ユウワクに勝つ。
8 バツを受ける。
9 過（あやま）ちをツグナう。
10 シットする
11 冬に川がコオる。
12 テブクロ
13 部屋のソウジ。
14 ホニュウルイ
15 稲（いね）のシュウカク。

2			
1	5	9	13
2	6	10	14
3	7	11	15
4	8	12	

各2点

❸ 次の文の――線の名詞の種類を後から一つずつ選び、記号で答えなさい。

❶ 私の兄の名前は一郎といいます。
❷ 先生から放課後、職員室に来るように言われた。
❸ あなたの中学校名は何といいますか。
❹ みんなの前で発表することはとても緊張する。
❺ 八月はあと何日あるだろうか。

ア 普通名詞　イ 固有名詞　ウ 数詞
エ 代名詞　オ 形式名詞

❸		
❶	❷	❸
❹	❺	

各2点

❹ 次の文の――線の名詞の成り立ちを後から一つずつ選び、記号で答えなさい。

❶ 山村さんは明日北海道に行くらしい。
❷ 急に雨雲が広がってきた。
❸ 杉山さんの走りは見ていて気持ちがいい。
❹ こしょうの辛さは苦手だ。

ア 転成名詞　イ 複合名詞
ウ 形容詞や形容動詞の一部に接尾語が付いたもの
エ 名詞に接頭語や接尾語が付いたもの

❹			
❶	❷	❸	❹

各3点

❺ 次の用言から名詞を作りなさい。

❶ 速い　❷ 美しい　❸ 動く
❹ 穏やかだ　❺ 行く　❻ にぎやかだ

❺		
❶	❸	❺
❷	❹	❻

各3点

テストに出る

●名詞の種類

普通名詞……物や事を表す一般的な名詞。名詞の大部分は普通名詞。

固有名詞……特定の人や物、一つ一つの場所などに対して付けられた名前を表す名詞。

数詞……数を含む名詞。物の数や時、順序などを表す。

代名詞……人や物、場所などを指し示すときに使われる名詞。

形式名詞……実質的な意味を失って、必ず修飾語と結び付いて使われる名詞。

●いろいろな成り立ちの名詞

転成名詞……用言（活用のある自立語）から名詞になったもの。

形容詞・形容動詞の一部に接尾語が付いたもの

名詞に接頭語・接尾語が付いたもの

複合名詞……二つ以上の単語が結び付いたもの。

Step 1

風を受けて走れ

15分

1 文章を読んで、問いに答えなさい。

▼㊬175ページ16行～176ページ36行

臼井がアメリカ人女性が走っているビデオを見せると、柳下は、「やってみたい。」と答えた。

最初の試みは、臼井の仕事場である東京身体障害者福祉センターの廊下で行われた。柳下はふだん使っている義足のまま、交互に両脚を出して、小走りに進んでみせた。

次の機会には、アメリカ製の走れる足部と油圧の膝継手を着けて試してみた。油圧の膝は折れることもなく、小走りの脚の動きについてきた。

そこで、二人は外の道路に出た。臼井が見守る中、柳下はゆっくりとスタートした。最初は早歩き。それから小走り。足は交互に出ている。両足が浮いている。①<u>確かに走っているということだ。</u>

「できる、できる、私はちゃんと走れる。」

柳下は夢中で走った。力を込めて路面を蹴った。小走りが次第にスピードを増していく。すっきりと晴れた青空。吹き過ぎるそよ風。走っているという実感が、彼女の全身に伝わった。

②<u>臼井は喜びをかみしめていた。</u>多くの人は、歩けるのも走れるのも走れるのもあたりまえのことだと思い込んでいる。だが、脚をなくした人たちからすれば、その失われた動作は、深い喪失感に結び付いているのではないか。走ることを取り戻すだけで、脚を失った人々の悩み

(1) 柳下が走れるようになるまでを次のようにまとめました。□に当てはまる言葉を、文章中から抜き出しなさい。

1 東京身体障害者福祉センターの□□で、ふだん使っている□□のまま小走りに進んだ。

2 アメリカ製の走れる足部と□□□□□□を着けて小走りに進んだ。

3 □□□□に出て走った。

(2) ――線①「確かに走っているということだ」とありますが、このように確信したのは、柳下のどんな様子を見たからですか。次の文の□A・Bに当てはまる言葉を、文章中から抜き出しなさい。

・足が A に出ていて、 B が浮いている様子。

A □□

B □□

(3) ――線②「臼井は喜びをかみしめていた」とありますが、それはなぜですか。次から一つ選び、記号で答えなさい。

が全て解決されるわけではない。しかし、そこからきっと何かが始まるはずだという予感が臼井にはあった。

「やる気がありさえすれば、走るという動作をもう一度取り戻せるのは間違いない。」

臼井は確信した。「やり続けなきゃいけない。」という決意が固まったのは、そのときだ。

きらきら光る原石を見つけたのだと彼は思った。走れないと誰もが思っていた大腿義足の人間が一人、走れるようになった。それは宝石のように輝く出来事だった。このまま掘り起こしていけば、③どんどん光る石が出てくるだろう。だが、ここでやめてしまったら、原石は埋まったままで世に出ることはない。そして今のところ、掘り手は自分しかいないようだ。ならば、やり続けるしかあるまい。

④若くて運動能力があり、前向きな姿勢を持った男女四人に臼井は声を掛け、義足で走る練習を進めた。最初は早歩きから始め、次にはちょっと強く蹴って跳んでみる。この段階では、健足に頼ってもいい。スピードに慣れ、勢いがついてきたところで、今度は義足の側にも体重を乗せてみる。思い切って蹴ってみる。それで走るという動作の完成である。アメリカ製の足部と油圧式の膝継手は交替で使った。一人が走れるようになると、相乗効果で仲間もついてきた。

佐藤次郎「風を受けて走れ 〈「義足ランナー 義肢装具士の奇跡の挑戦」〉より

ア 脚を失った人が走れる義足の開発に成功したから。
イ 義足の人間が走れるようになる手助けができたから。
ウ 走れる義足の人が多くなり自分の努力が実ったから。

(4) ——線③「どんどん光る石が出てくるだろう」とありますが、どういうことですか。次から一つ選び、記号で答えなさい。

ア 義足のランナーがより早く走れるようになるだろう。
イ 義足をつけないで走れる人が出てくるだろう。
ウ 義足で走りを取り戻せる人が増えてくるだろう。

(5) ——線④「若くて運動能力があり、前向きな姿勢を持った男女四人」とありますが、この人たちは最終的にどうなりましたか。簡潔に答えなさい。

ヒント

(1) 第二～第四段落の内容を読み取ってまとめる。それぞれの段落の初めの「最初の試みは」「次の機会には」「そこで」という言葉に着目し、順を追って確認しよう。

(4) 三行前の「きらきら光る原石」とは、柳下のことである。

このまま続ければ、他にも柳下と同じように走れるようになる人が出てくると確信しているんだ。

Step 2

風を受けて走れ

20分

／100

目標 75点

❶ 文章を読んで、問いに答えなさい。思

▼教177ページ1行～179ページ18行

板バネには、強い反発力があった。実際に着けてみると、じっと立とうとしても①静止できずにふらふらと動いてしまう。これを使うのは試行錯誤（さくご）の連続だった。どのような角度で装着すればいいか。どんなバランスでセットすればいいのか。それを一つ一つ試（ため）してみるしかない。臼井（うすい）は何人もの走り手に代わる代わる板バネで走ってもらっては、微妙（びみょう）な調整を繰（く）り返した。

試してみなければ分からないことばかり。だが、②工夫（くふう）すればするほど、練習すればするほど、板バネは意欲に応えてくれた。それは、最初は一歩を踏（ふ）み出すのもためらっていた若者たちを、百メートルを二十秒ほどで走るランナーに変身させる力を持っていた。

彼（かれ）らは障害者陸上の大会にも出た。練習会は月に一度、定期的に開かれるようになっていった。臼井は、グラウンドを借りる手続きやメンバーへの連絡（れんらく）から、当日の義足の調整、伴走（ばんそう）、ビデオ撮影（さつえい）までを一手に引き受けた。全ては休日のボランティア活動で、経費もかかったが、彼はそれを苦にしなかった。「③続けていけばいいんだ。」とだけ、臼井は思っていた。続けてさえいれば、少しずつでも走れる人が増えていく。そこからまた何かが生まれるかもしれない。前向きな人生を送れるようになるかもしれないし、別のことにも挑戦（ちょうせん）できるかもしれない。

(1) ――線①「静止できずにふらふらと動いてしまう」とありますが、なぜですか。簡潔に答えなさい。

(2) ――線②「工夫すればするほど……板バネは意欲に応えてくれた」とありますが、板バネには、どんな力があったのですか。文章中から五十字で探し、初めの五字を書きなさい。

点UP

(3) ――線③「続けていけばいいんだ」とありますが、臼井は、続けていけばどのような可能性があると思っていますか。文章中の言葉を使って書きなさい。

(4) ――線④「初心」とありますが、臼井の初心とはどのようなことですか。次から一つ選び、記号で答えなさい。

ア パラリンピックで日本選手を必ず優勝させること。

イ 大会に出る選手をボランティアでサポートすること。

ウ 不安を感じながら走り始める初心者をだいじにすること。

(5) ――線⑤「ひょうひょうとした態度」とありますが、どのような態度ですか。文章中の言葉を使って書きなさい。

(6) ――線⑥「風のことを口々に語る」とありますが、脚を失い再び走れるようになった人たちにとって、「風」とはどんなものですか。文章中から抜き出しなさい。

点UP

(7) ――線⑦「自分で作った風、自分で巻き起こした風」とは、どんな風ですか。簡潔に答えなさい。

臼井の思いは、活動の輪が広がっても変わらなかった。ただ、歩けるようになれば走りたくなり、走れるようになれば、もっと速く走ってみたくなるのが人間というものだ。試合で競い（きそ）たいと思い、頂点を目指したくもなる。臼井のもとからは、次々とパラリンピック選手が誕生し、臼井自身もサポートのため現地に赴く（おもむ）ようになった。

ただ、④初心を忘れまいとは常々思っていた。パラリンピックに出るような選手が現れても、不安を感じながらも走る気力を奮い起こした初心者を、何よりだいじにしたいというのが臼井の信念だった。

練習会の参加者はますます増え、フィールドいっぱいに広がるほどになった。それでも、⑤臼井はひょうひょうとした態度を変えなかった。大声を張り上げもせず、ことさら目立とうともせず、だが一切（いっさい）手を抜か（ぬ）ずに、縁（えん）の下の力持ちに徹（てっ）していた。

「できれば風みたいに、いるのかいないのか、分からないような存在に。」と彼は考えていた。ふと気づくと、選手たちの背中をそっと押し（お）ている風である。

脚（あし）を失って、一度は諦（あきら）めた走りを再び取り戻（もど）した人たちも、⑥風のことを口々に語る。

「頬（ほお）を吹（ふ）き過ぎていく風が、何より気持ちよかった。」

「風を感じたのがいちばんうれしかった。」

再び走れるようになった証明。それが「風」なのだ。ただ吹いてくる風ではない。⑦自分で作った風、自分で巻き起こした風である。すると、その瞬間（しゅんかん）、自分の周りがぱあっと輝（かがや）くのだ。

佐藤次郎「風を受けて走れ」〈「義足ランナー　義肢装具士の奇跡の挑戦」〉より

2 ――線の片仮名を漢字で書きなさい。

1 生活ヒツジュ品を買う。　2 ヒザを痛める。

3 疑問をイダく。　4 体がジョウブだ。

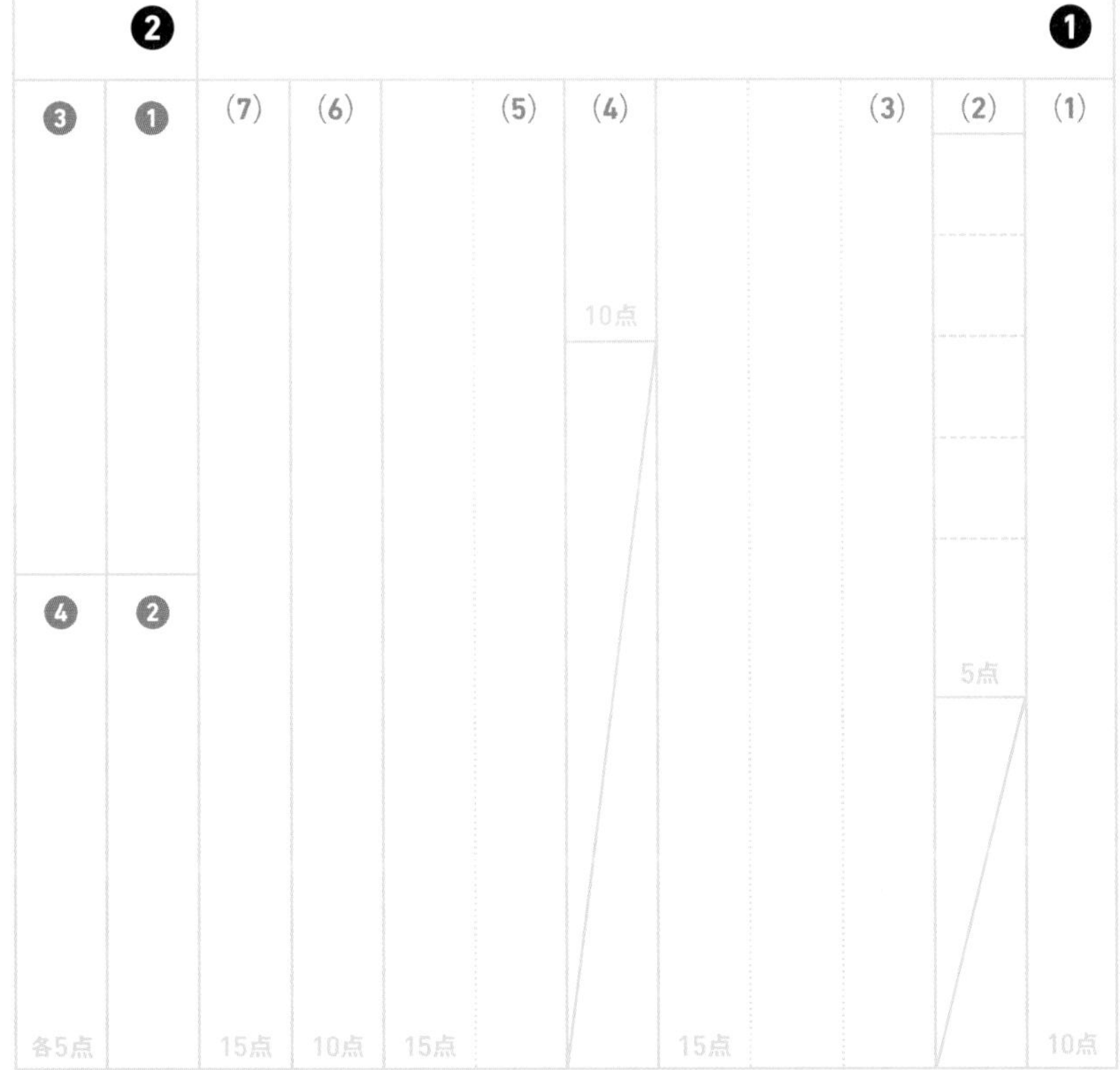

成績評価の観点　思…思考・判断・表現

Step 1

ニュースの見方を考えよう

15分

❶ 文章を読んで、問いに答えなさい。

▼㊫185ページ14行〜186ページ35行

私は以前、あるテレビ局の記者でした。新聞記者と同じように、現場で取材して原稿を書く仕事をしていました。大きな出来事が起こると、カメラマンといっしょに街頭インタビューに飛び出すことも多かったのです。①このとき、どこに取材に行くか、ということをまず判断しなければなりません。

渋谷駅周辺で平日の午後にインタビューをしたことがあります。ところが、歩いている若い人にマイクを向けても、そもそもニュースについて知らなかったり、自分の意見を持っていなかったりして、全くインタビューになりませんでした。

このときは、②困ってしまって銀座に移動。夕方の銀座を歩いている人にマイクを向けると、こちらは会社帰りのサラリーマンが多く、次々に真面目な答えをしてくれました。あっという間に、大勢のインタビューが採れたのです。でも、③これはこれで困ったものです。だって、インタビューに出てくるのは、「銀座の街を歩いているサラリーマン」という限られた人たちばかりだからです。

テレビの世界では、④どんなインタビューを採るか、ということを先に決めてから行く場所を決める、ということもしばしばです。つ

(1) ――線①「このとき」とは、どのときですか。「に出るとき。」に続くように、当てはまる言葉を文章中から八字で抜き出しなさい。

□□□□□□□□ に出るとき。

(2) ――線②「困ってしまって」とありますが、どんなことに困ってしまったのですか。次から一つ選び、記号で答えなさい。

ア 渋谷でマイクを向けても、ニュースに無関心な人などが多く、全くインタビューにならなかったこと。

イ 渋谷には働いていない若い人が多く、偏った考え方のインタビュー結果になってしまったこと。

ウ 銀座に移動する前に、多くの意見を聞くことができ、インタビューが渋谷だけで済んでしまったこと。

（　　）

(3) ――線③「これはこれで困ったものです」とありますが、なぜですか。次の文の□A・Bに当てはまる言葉を、文章中から抜き出しなさい。

・夕方の銀座は、A ばかりで、B 人たちのインタビューになってしまうから。

A □□□□□□

B □□□□

まり、街頭インタビューをどこで行うか、ということを決める段階で、番組制作者の判断が行われているのです。

ニュースというのは、「客観的なもの」と考えている人が多いと思います。確かに、ニュースを取材して放送する人たちは、客観的なニュースを視聴者に伝えようと努力しています。でも、番組を作っているのも人間。どこで取材をするか、何をどのようにニュースとして伝えるかは、制作する人の考え方で決まってくるのです。ニュースは編集されているのです。

編集の例を、更にいくつか見てみましょう。

二〇一八年六月にロシアで行われたサッカーのワールドカップ。毎日のように大きなニュースになりました。とりわけ日本代表チームの試合となると、このニュースばかりでした。

では、この間、世界は平和だったのでしょうか。残念ながら、そうではなかったのです。シリアでもアフガニスタンでも、パレスチナでも、紛争で大勢の人が命を落としていました。なのに、⑤そのニュースは、ほとんど出てこなかったり、出ても小さな扱いだったりしました。

視聴者の関心が高い話題はニュースで長い時間取り上げられるけれど、「視聴者はたいして関心を持たない。」とニュース制作者が判断したニュースは、取り上げられなかったり、小さなニュースにしかならなかったりするのです。

つまり、取り上げるニュースは制作者が決めているのです。

池上　彰「ニュースの見方を考えよう」より

(4)　――線④「どんなインタビューを採るか、ということを先に決めてから行く場所を決める」とありますが、このことから筆者はどんなことを伝えたいのですか。当てはまる言葉を文章中から十五字で抜き出しなさい。

ニュースでは□□□□□□□□□□□□□□□ということ。

(5)　――線⑤「そのニュースは、ほとんど出てこなかったり、出ても小さな扱いだったりしました」とありますが、なぜですか。「関心」という言葉を使って、簡潔に答えなさい。

（　　　　　　　　）

ヒント

(1)　指示語は前の部分を指すことが多い。筆者が「テレビ局の記者」として、何をするときを指しているのか読み取ろう。

(4)　次の文の「つまり」という接続語で筆者の考えがまとめられていることに着目する。このことを一つの例として、ニュースが編集されていることを伝えようとしている。

「つまり」で、前の内容を言い換えているんだね。

Step 2

ニュースの見方を考えよう

20分

／100

目標 75点

1 文章を読んで、問いに答えなさい。思

▼教187ページ31行～189ページ19行

テレビ局は、視聴率を気にしています。民放では、視聴率が高いとスポンサーからの広告料がたくさん入ってくるし、どのテレビ局だって、なるべく多くの人に見てもらおうと考えますから、視聴率を意識します。

それでも①ニュース番組に関しては、以前は視聴率のことをあまり考えませんでした。そもそも「ニュースは視聴率が低いもの」と考えられていたので、視聴率を意識しないで番組を作っていたのです。放送局の社会的責任としてニュース番組も流すけれど、視聴率は高くないから、もうかるものではない、と割り切っていたのです。

ところが最近は、ニュースの視聴率が高くなってきました。民放各局は、「ニュースでもお金になる。」と考えるようになったのです。そうなると、「高い視聴率が取れるニュース番組を作れ。」ということになってきます。

そこで、ニュースの冒頭に、ショッキングな映像が出てきたり、かわいい動物の姿が紹介されたり、「行列のできるラーメン店」の特集が行われたり、ということになってきました。本当の意味ではたいしたニュースでないものでも、「視聴者が飛びつきそうなもの」を優先的に放送するようになってきたのです。

なかには、視聴者におもしろく見てもらおうと考えて、「うそで

(1) ——線①「ニュース番組」の視聴率について、問いに答えなさい。

❶ 以前は、ニュース番組について、視聴率はどのように考えられていましたか。簡潔に答えなさい。

❷ 最近、ニュース番組の視聴率を高めるために行われている工夫として、当てはまらないものを一つ選び、記号で答えなさい。

ア ショッキングな映像を出すこと。
イ おいしいラーメン店を特集すること。
ウ 国際情勢について特集すること。

(2) ——線②「ニュースも……のです」とありますが、「演出」の例としてどのようなことが挙げられていますか。簡潔に答えなさい。

(3) ——線③「そうしたニュース」とありますが、どのようなニュースですか。簡潔に答えなさい。

(4) ——線④「テレビのキャスターやコメンテーターの発言」に対し、筆者が視聴者にすすめている聞き方として当てはまらないものを次から一つ選び、記号で答えなさい。

ア 自分なりのコメントを考えて、発言者と競い合ってみる。
イ どの番組の視聴率が高くて、信用できるかを調べてみる。
ウ そんなふうに考えていいか、疑問に思いながら聞く。
エ 同じニュースについての、他の伝えられ方を調べてみる。

点UP

(5) 筆者が中学生にとってだいじだと思っていることは何ですか。文章中から一文で探し、初めの六字を書きなさい。

はないけれど、ちょっと誇張した」内容が交じることもあります。大げさなコメントとともに、はでな音楽がバックに流れることもあります。

　つまり、②ニュースも演出されているのです。

　私たちが、ふだん何気なく見ているテレビのニュース。実はそれらも、制作者が意図やねらいを持って編集したものだということが、お分かりいただけたと思います。

　③そうしたニュースを、そのまま信じてしまわないで、「どうして、このニュースから伝えるんだろう。」「こんな表現、本当かな。」などと考えながら見る習慣を、少しずつ身につけてほしいと思うのです。

　そして、④テレビのキャスターやコメンテーターの発言も、「そんなふうに考えていいのかな。」と疑問に思いながら聞く。そんなことを心がけてください。あるいは、「自分だったら、どんなコメントをするだろう。」と考えて、キャスターやコメンテーターと競い合ってみるのです。ときには、新聞やインターネットなどで、同じニュースについてどのように伝えられたり論じられたりしているかを、調べてみるとよいでしょう。

　ニュースの受け手でいるだけでなく、ニュースを自分なりに判断していく。これが、いずれ社会人になるあなたにとってだいじなことだと思うのです。

池上　彰「ニュースの見方を考えよう」より

❷ ——線の片仮名を漢字で書きなさい。

❶ シブヤに買い物に行く。
❷ フンソウの多い地域。
❸ センパイに教わる。
❹ 兄をホコらしく思う。

❶						❷			
(1) ❶	(1) ❷	(2)	(3)	(4)	(5)	❶	❷	❸	❹
15点	10点	15点	15点	10点	15点	各5点			

成績評価の観点　思…思考・判断・表現

Step 2

文法の窓5 連体詞・副詞・接続詞・感動詞
漢字道場5 漢字の成り立ち
(風を受けて走れ〜漢字道場5)

20分

/100
目標 75点

1 ――線の漢字の読み仮名を書きなさい。

1 義肢装具士
2 生活必需品
3 丈夫な体。
4 廊下を歩く。
5 喪失感を抱(いだ)く。
6 物語の冒頭を読む。
7 服を洗濯する。
8 タンカーの炎上。
9 弦楽四重奏
10 摩擦が起きる。
11 姓名を記入する。
12 符号をつける。
13 大学附属の高校。
14 租税制度
15 食パン一斤

1	2	3	4
5	6	7	8
9	10	11	12
13	14	15	

各2点

2 ――線の片仮名を漢字に直しなさい。

1 ウスい板。
2 ワンキョクする
3 チョウセンする
4 ナヤみを相談する。
5 レンラクを待つ。
6 親友とキソう。
7 草をカる。
8 サルが木に登る。
9 ピアノのフメン。
10 ギセイになる。
11 犯罪をソシする。
12 ソゲキの名手。
13 センタクを誤る。
14 古文のショウヤク。
15 キョショウの作品。

1	2	3	4
5	6	7	8
9	10	11	12
13	14	15	

各2点

3 次の各問いに答えなさい。

(1) 次の――線の副詞は下にきまった言い方がきます。（　）に適切な言葉を二字で答えなさい。

❶ 僕は決してうそはつか（　）よ。

❷ きっと願いはかなう（　）だ。

(2) 次の（　）に合う接続詞を後から選び、記号で答えなさい。

❶ 僕はラーメンを食べた。（　）、とても寒かったからだ。

❷ 私は犬を飼いたい。（　）、母は犬が好きではない。

ア しかし　イ だから　ウ なぜなら

(3) 次の――線の中から連体詞でないものを一つ選び、記号で答えなさい。

ア 僕はこの花を公園で見つけた。

イ あれは単なるいたずらにすぎない。

ウ 大きい袋に体操服を入れる。

(4) 次の――線の感動詞の意味を後から選び、記号で答えなさい。

❶ いいえ、私は坂本ではありません。

❷ あら、今外で何か音がしたかな。

ア 挨拶　イ 驚き　ウ 応答

3	❶	❷	
(1)			各4点
(2)			各4点
(3)			4点
(4)			各4点

4 次の漢字の成り立ちを後から選び、記号で答えなさい。

❶ 看　❷ 頭　❸ 雨　❹ 末

ア 会意　イ 指事　ウ 転注

エ 形声　オ 仮借　カ 象形

4	
❶	
❷	
❸	
❹	
	各3点

テストに出る

●**連体詞**…連体修飾語だけになる単語。

・「〜の」型 例 この・どの　・「〜な」型 例 大きな

・「〜た(だ)」型 例 たいした　・「〜る」型 例 ある

●**副詞**…主に連用修飾語になる単語。

・状態の副詞…動作の様子を表す。擬音語や擬態語も状態の副詞。例 いきなり・そっと・ワンワン

・程度の副詞…ある状態の程度を表す。例 たいそう・かなり

・呼応の副詞…下にきまった言い方を求める。例 たぶん

●**接続詞**…接続語だけになる単語。

・順接…前後の事柄の関係が素直に考えられる。

・逆接…前後の事柄の関係が逆になっている。

・累加・並立…事柄を付け加えたり並べたりする。

・説明・補足…後で説明や付け足しをする。

・対比・選択…前後を比べたり選んだりする。

・転換…別の事柄を持ち出す。

●**感動詞**…独立語だけになる単語。

Step 1

わたしの中にも

15分

❶ 詩を読んで、問いに答えなさい。

▼教 208ページ1行～209ページ9行

わたしの中にも

新川 和江

つくし　つばな
つんつん伸びる
丘のポプラには較べくもないけれど
天に向かって
まっすぐ　背伸びして

わたしの中にも　そのように
せいいっぱい伸びようとするものがある
どんなに低くとも　そこはもう天
光がみち　天上の風が吹いている

(1) この詩の形式として適切なものはどれですか。次から一つ選び、記号で答えなさい。

ア 口語定型詩　イ 口語自由詩
ウ 文語定型詩　エ 文語自由詩

（　　）

(2) 1行目「つくし　つばな」は、何の例として挙げられていますか。次の文の□に当てはまる言葉を詩の中から抜き出しなさい。

□に向かって、まっすぐ□□□するものの例。

(3) 第二連と第四連では、反復が使われている部分があります。その言葉を詩の中から一行で抜き出しなさい。

（　　）

(4) 10・11行目「もんしろ蝶　もんき蝶／ひらひら舞い立つ」は、どの言葉と対になっていますか。行番号を書きなさい。

（　　）・（　　）行目

(5) 15行目「そのように」とは、どのようにですか。次の文の□A・Bに当てはまる言葉を詩の中から抜き出しなさい。

・蝶が、まだ濡れている A 羽を広げて、はじめての空に B

もんしろ蝶　もんき蝶
ひらひら舞い立つ
羽化したばかりの
まだ濡れているういういしい羽をひろげて
はじめての空に

わたしの中にも　そのように
ことばのひらく気配がある
たくさんの人に
春のよろこびを伝えることば
ひとりのひとに
思いを告げるただひとつのことば

（数字は行番号を表す。）

新川和江「わたしの中にも」〈「それから光がきた」〉より

ように。

A □□□□□□

B □□□□

(6) この詩の鑑賞文として適切なものはどれですか。次から一つ選び、記号で答えなさい。

ア　思春期の「わたし」の、言葉にはできない複雑な思いや成長途中の考えを、様々な表現技法を駆使しながら伝えようとしている。

イ　ずっと昔から抱えてきた「わたし」の淡い恋心と、その報われない結末を、擬態語を多用しながら爽やかに打ち明けようとしている。

ウ　「わたし」の中にある伸びようとする気持ちや自分の思いを人に伝えることばがひらく気配を、生物の様子にたとえながら表現している。

（　　）

ヒント

(1) 現代の言葉で書かれ、音数に一定の決まりがない。

(5) 前の連の内容を指している。□の字数に合うように、抜き出そう。

(6) 第一連と第三連が生物の様子。第二連と第四連が作者の思いである。

第二連は伸びようとする思い、第四連はことばを伝えていきたいという思いだね。

Step 1

トロッコ

15分

❶ 文章を読んで、問いに答えなさい。

▼㊎214ページ5行～215ページ16行

三人はまたトロッコへ乗った。車は海を右にしながら、雑木の枝の下を走っていった。しかし良平はさっきのように、おもしろい気持ちにはなれなかった。「もう帰ってくれればいい。」――彼はそうも念じてみた。が、行くところまで行き着かなければ、トロッコも彼らも帰れないことは、もちろん彼にも分かりきっていた。

その次に車の止まったのは、切り崩した山を背負っている、わら屋根の茶店の前だった。二人の土工はその店へ入ると、乳飲み子をおぶったかみさんを相手に、悠々と茶などを飲み始めた。良平はひとりいらいらしながら、トロッコの周りを回ってみた。トロッコには頑丈な車台の板に、跳ね返った泥が乾いていた。

しばらくののち茶店を出てきしなに、巻きたばこを耳に挟んだ男は、（そのときはもう挟んでいなかったが）トロッコのそばにいる良平に新聞紙に包んだ駄菓子をくれた。良平は冷淡に「ありがとう。」と言った。が、すぐに冷淡にしては、相手にすまないと思い直した。彼はその冷淡さを取り繕うように、包み菓子の一つを口へ入れた。菓子には新聞紙にあったらしい、石油の臭いが染み付いていた。

三人はトロッコを押しながら緩い傾斜を登っていった。良平は車に手を掛けていても、心はほかのことを考えていた。

その坂を向こうへ下りきると、また同じような茶店があった。土

(1) ――線①「いらいらしながら」とありますが、このときの良平の様子と正反対の土工の様子を表している副詞を、文章中から抜き出しなさい。

（　　　）

(2) ――線②「トロッコには頑丈な車台の板に、跳ね返った泥が乾いていた」とありますが、これは何を示していますか。次から一つ選び、記号で答えなさい。

ア　気温が低いということ。
イ　時間が経過したということ。
ウ　トロッコの手入れがされていないこと。

（　　　）

(3) ――線③「冷淡にしては、相手にすまない」とありますが、このときの良平の気持ちが行動に表れている部分を、文章中から十三字で探し、初めの五字を書きなさい。（句点は含まない。）

□□□□□

(4) ――線④「トロッコの車輪を……うんうんそれを押してみたり」とありますが、ここに表れている良平の気持ちに当てはまるものを次から二つ選び、記号で答えなさい。

工たちがその中へ入った後、良平はトロッコに腰をかけながら、帰ることばかり気にしていた。茶店の前には花の咲いた梅に、西日の光が消えかかっている。「もう日が暮れる。」――彼はそう考えると、ぼんやり腰かけてもいられなかった。④トロッコの車輪を蹴ってみたり、一人では動かないのを承知しながらうんうんそれを押してみたり、――そんなことに気持ちを紛らせていた。

ところが土工たちは出てくると、車の上の枕木に手を掛けながら、⑤無造作に彼にこう言った。

「われはもう帰んな。俺たちは今日は向こう泊まりだから。」

「あんまり帰りが遅くなるとわれのうちでも心配するずら。」

良平は一瞬間あっけにとられた。もうかれこれ暗くなること、去年の暮れ母と岩村まで来たが、今日の道はその三、四倍あること、それを今からたった一人、歩いて帰らなければならないこと、――そういうことが一時に分かったのである。良平はほとんど泣きそうになった。が、泣いてもしかたがないと思った。泣いている場合ではないとも思った。彼は若い二人の土工に、⑥取って付けたようなお辞儀をすると、どんどん線路伝いに走りだした。

芥川龍之介「トロッコ」〈「芥川龍之介全集」〉より

ア　いらだち　　イ　恐怖　　ウ　興味
エ　焦り　　オ　興奮

(　)・(　)

(5)　――線⑤「無造作に彼にこう言った」とありますが、この様子から、土工たちの良平に対するどんな気持ちが分かりますか。次から一つ選び、記号で答えなさい。

ア　良平のことを迷惑に思い、早く帰ってほしいと思っている。
イ　良平のことを気に掛けておらず、それほど心配していない。
ウ　良平の帰り道を案じ、早く帰るようわざと突き放している。

(　)

(6)　――線⑥「取って付けたようなお辞儀をする」とありますが、このときの良平はどんな様子ですか。次の文の□に当てはまる言葉を書きなさい。

・土工たちに失礼のないようにしなければと思いながらも、これから□で頭がいっぱいだった。

(　)

ヒント

(1)　土工に関する記述の中からゆったりと落ち着いていることを表す言葉を探そう。

(6)　「取って付けたような」から、心はこもっていないが、形だけでもお礼の気持ちを伝えたいと思っていることが分かる。良平の心がどこにあるかを考える。

Step 2

トロッコ

20分

／100

目標 75点

❶ 文章を読んで、問いに答えなさい。思

▼教 215ページ17行～217ページ16行

良平はしばらく無我夢中に線路のそばを走り続けた。そのうちに懐の菓子包みが、邪魔になることに気がついたから、それを道端へ放り出すついでに、板草履もそこへ脱ぎ捨ててしまった。すると薄い足袋の裏へじかに小石が食い込んだが、足だけははるかに軽くなった。彼は①左に海を感じながら、急な坂道を駆け登った。ときどき涙が込み上げてくると、自然に顔がゆがんでくる。――それは無理に我慢しても、鼻だけは絶えずクークー鳴った。

竹やぶのそばを駆け抜けると、夕焼けのした日金山の空も、もうほてりが消えかかっていた。良平は②いよいよ気が気でなかった。行きと帰りと変わるせいか、景色の違うのも不安だった。すると今度は着物までも、汗のぬれ通ったのが気になったから、やはり必死に駆け続けたなり、羽織を道端へ脱いで捨てた。

みかん畑へ来る頃には、辺りは暗くなる一方だった。「命さえ助かれば。」――良平はそう思いながら、滑ってもつまずいても走っていった。

やっと遠い夕闇の中に、村外れの工事場が見えたとき、良平は③ひと思いに泣きたくなった。しかしそのときもべそはかいたが、とうとう泣かずに駆け続けた。

彼の村へ入ってみると、もう両側の家々には、電灯の光が差し合

(1) ――線①「左に海を感じながら、急な坂道を駆け登った」とありますが、このときの良平の様子を表す言葉を、文章中から四字で抜き出しなさい。

(2) ――線②「いよいよ気が気でなかった」とありますが、どんなことが気が気でなかったのですか。簡潔に答えなさい。

(3) ――線③「ひと思いに泣きたくなった」とありますが、このときの良平はどんな気持ちでしたか。「見慣れた」という言葉を使って書きなさい。

(4) ――線④「頭から汗の湯気の立つ」とありますが、この状態は、良平のどんな様子を表していますか。次から一つ選び、記号で答えなさい。

ア 誰も迎えに来てくれないので、怒りにふるえる様子。
イ 必死で走ってきたため、体が熱くなっている様子。
ウ 辺りが暗くなったことを知り、焦っている様子。

(5) ――線⑤「彼は何と言われても泣き立てるよりほかにしかたがなかった」とありますが、なぜですか。「説明」という言葉を使って書きなさい。

点UP

(6) ――線⑥「そのときの彼を思い出すことがある」とありますが、それは大人になった良平がどのような状況にあるからですか。「状況。」に続くように十五字以内で書きなさい。

っていた。良平はその電灯の光に、④頭から汗の湯気の立つのが、彼自身にもはっきり分かった。井戸端に水をくんでいる女衆や、畑から帰ってくる男衆は、良平があえぎあえぎ走るのを見ては、「おいどうしたね？」などと声を掛けた。が、彼は無言のまま、雑貨屋だの床屋だの、明るい家の前を走り過ぎた。

　彼のうちの門口へ駆け込んだとき、良平はとうとう大声に、わっと泣きださずにはいられなかった。その泣き声は彼の周りへ、一時に父や母を集まらせた。殊に母は何とか言いながら、良平の体を抱えるようにした。が、良平は手足をもがきながら、すすり上げすすり上げ泣き続けた。その声があまり激しかったせいか、近所の女衆も三、四人、薄暗い門口へ集まってきた。父母はもちろんその人たちは、口々に彼の泣く訳を尋ねた。しかし⑤彼は何と言われても泣き立てるよりほかにしかたがなかった。あの遠い道を駆け通してきた、今までの心細さを振り返ると、いくら大声に泣き続けても、足りない気持ちに迫られながら、……

　良平は二十六の年、妻子といっしょに東京へ出てきた。今ではある雑誌社の二階に、校正の朱筆を握っている。が、彼はどうかすると、全然何の理由もないのに、⑥そのときの彼を思い出すことがある。全然何の理由もないのに？――塵労に疲れた彼の前には今でもやはりそのときのように、薄暗いやぶや坂のある道が、細々と一筋断続している。……

芥川龍之介「トロッコ」〈「芥川龍之介全集」〉より

❷ ――線の片仮名を漢字で書きなさい。

❶ 土をウンパンする車。　❷ 三月のショジュン。

❸ コウバイの急な道。　❹ 昔のキオク。

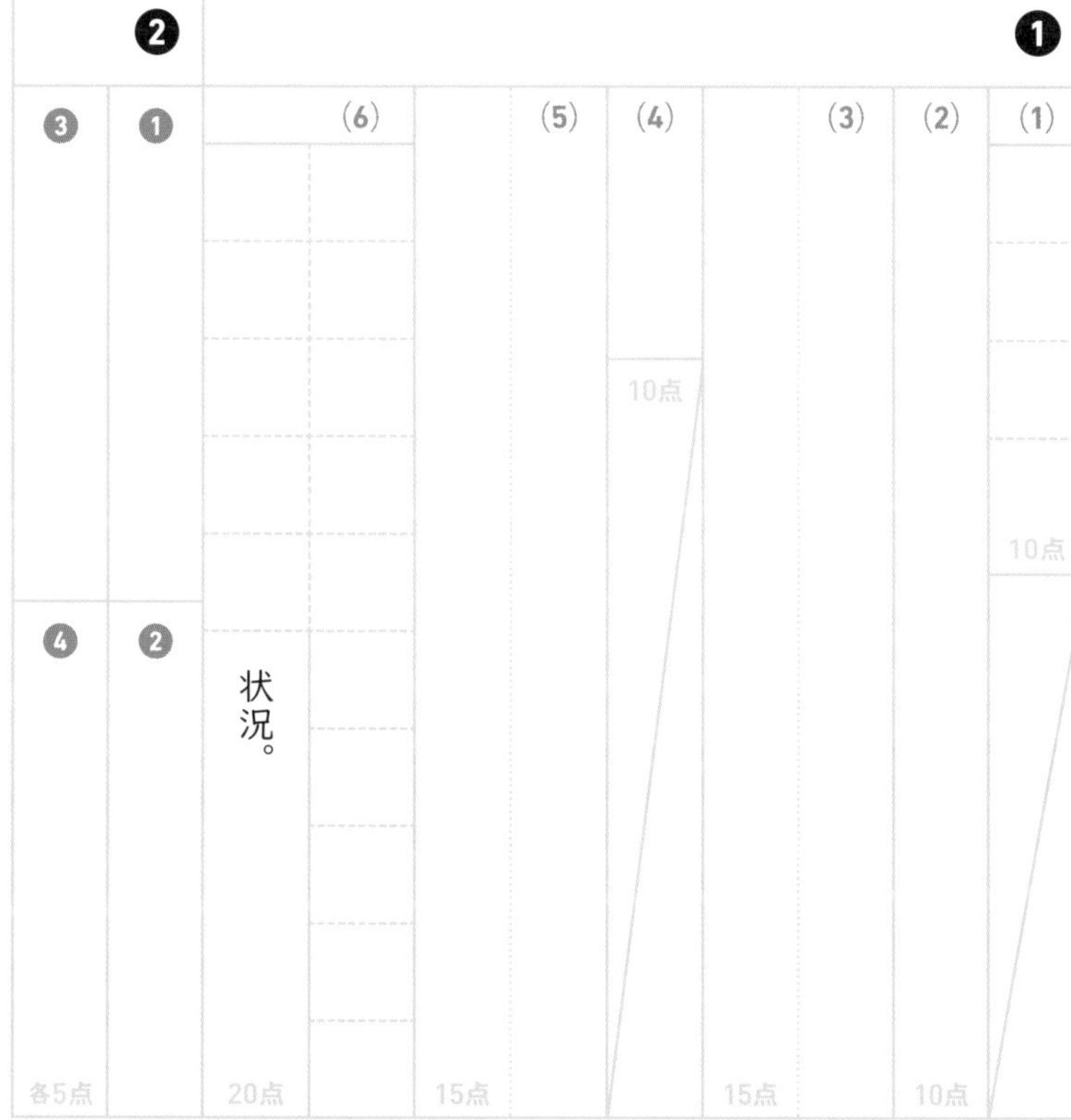

Step 2 基礎編 文法解説より

20分
/100
目標 75点

1 次の文章の❶段落と❷文の数を、漢数字で答えなさい。

中学生になって、私はブラスバンド部に入部した。楽器はピッコロを吹いている。

音楽室にはいろいろな楽器があるが、ピッコロを担当したいという一年生はあまりいない。音が甲高く、どうせ木管楽器を選ぶなら、音色の優しいフルートを吹きたいという人が多いのだ。

でも、私は、ピッコロを選んだ。

ピッコロの音色を生かしたきれいな行進曲を、前に聞いたことがあったからだ。

1	
❶	❷

各4点

2 次の各問いに答えなさい。

(1) 次の文から❶主語と❷述語を一つずつ抜き出しなさい。
・僕はアイスクリームを食べるのが好きだ。

(2) 次の文から❶修飾語と❷接続語を一つずつ抜き出しなさい。
・暗いのに、僕は一人で帰る。

2	(1)	(2)
❶		
❷		

各5点　各5点

3 次の中から、名詞の種類が他と異なるものを一つずつ選び、記号で答えなさい。

❶ ア 五個　イ 九枚　ウ 四国　エ 七メートル
❷ ア 横浜　イ 電車　ウ 学校　エ 天気
❸ ア 明日　イ 私　ウ あなた　エ 彼
❹ ア それ　イ ここ　ウ こと　エ あちら

3	
❶	
❷	
❸	
❹	

各10点

4 次の――線の副詞は、A状態を表すもの、B程度を表すもののどちらですか。記号で答えなさい。

❶ 大男がのっしのっしと歩いている。
❷ 必死で練習したのに、負けてすごく悔しい。
❸ 学校までの道のりをゆっくり歩く。
❹ お花をもらってとてもうれしい。

4	
❶	
❷	
❸	
❹	

各8点

① まずはテストの目標をたてよう。頑張ったら達成できそうなちょっと上のレベルを目指そう。
② 次にやることを書こう（「ズバリ英語〇ページ，数学〇ページ」など）。
③ やり終えたら☐に✓を入れよう。
最初に完ぺきな計画をたてる必要はなく，まずは数日分の計画をつくって，
その後追加・修正していっても良いね。

目標

	日付	やること 1	やること 2
2週間前	／	☐	☐
	／	☐	☐
	／	☐	☐
	／	☐	☐
	／	☐	☐
	／	☐	☐
	／	☐	☐
1週間前	／	☐	☐
	／	☐	☐
	／	☐	☐
	／	☐	☐
	／	☐	☐
	／	☐	☐
	／	☐	☐
テスト期間	／	☐	☐
	／	☐	☐
	／	☐	☐
	／	☐	☐
	／	☐	☐

QRコードのページに登録すると，「ぴたリンク」からも表をダウンロードできるよ

キリトリ線

テスト前 ☑ やることチェック表

① まずはテストの目標をたてよう。頑張ったら達成できそうなちょっと上のレベルを目指そう。
② 次にやることを書こう（「ズバリ英語〇ページ，数学〇ページ」など）。
③ やり終えたら□に✔を入れよう。
最初に完ぺきな計画をたてる必要はなく，まずは数日分の計画をつくって，
その後追加・修正していっても良いね。

目標

	日付	やること 1	やること 2
2週間前	／	□	□
	／	□	□
	／	□	□
	／	□	□
	／	□	□
	／	□	□
	／	□	□
1週間前	／	□	□
	／	□	□
	／	□	□
	／	□	□
	／	□	□
	／	□	□
	／	□	□
テスト期間	／	□	□
	／	□	□
	／	□	□
	／	□	□
	／	□	□

QRコードのページに登録すると，「ぴたリンク」からも表をダウンロードできるよ

東京書籍版 国語1年　定期テスト ズバリよくでる　解答集

〈本体から外してお使いください〉

風の五線譜

2〜3ページ Step 1

❶ (1) 第三連…形　第四連…色

(2) ① ア

② ちがった音

(3) ア

考え方

❶ (1) 第三連は「ぎざぎざ」「まるい」と、形について書かれている。第四連は「黒い」「黄色い」と、色について書かれている。

(2) ①葉っぱを人に見立てているから擬人法である。

②第六連の「曲を奏でている」とはどのような様子かは、第五連に詳しく描かれている。

(3) さまざまな葉っぱが集まって、「みんなで／きれいな曲を奏でている」ことから、ア「調和がとれている」が当てはまる。

話し方はどうかな

4〜5ページ Step 1

❶ (1) ① 三百字

② 長い間の放送の経験

(2) ウ

(3) 分かりやす（〜）しやすい話

(4) ア

(5) 聞き手によく

考え方

❶ (1) ①傍線を含む文は読者に問いかける形で、答えは直後に書かれている。「一分間に三百字が基準」なのである。

②二文後の「これ」は、「一分間に三百字が基準」という筆者の結論を指す。それは「長い間の放送の経験を通じての結論」と書かれている。

(3) 直後の文から考える。「（顔が）無表情の人に魅力がないのと同じように」、無表情な話も「分かりやすい、聞きやすい、理解しやすい話」にはならないというのである。

(4) この段落では、話の速さだけでなく、「話の表情」も重要であることが述べられている。一分間に三百字の速さで話せば、常に聞き取りやすい話になるわけではないので、「三百字という速さ」はあくまで「土台」であるといっているのである。

日本語探検1

6〜7ページ Step 2

❶ ①みな ②みだ ③おおあせ ④ふつう ⑤くとうてん ⑥ちゅうけい ⑦まんるい ⑧と ⑨もと ⑩きしょう ⑪もうれつ ⑫たんたん ⑬ゆた ⑭ふ ⑮くふう

❷ ①挟 ②遅 ③測定 ④平仮名 ⑤原稿 ⑥実況 ⑦抜 ⑧跳 ⑨込 ⑩訓練 ⑪基準 ⑫乾燥 ⑬扱 ⑭交互 ⑮機会

❸ エ・カ（順不同・完答）

❹ ①ア・エ ②イ・ウ・エ ③イ・ウ（それぞれ順不同・完答）

❺ ①イ ②ア ③イ

考え方

❸ ア母音のみの音節もあるので「子音一つと母音一つの組み合わせのみ」が誤り。イ拗音（「としょ」の「しょ」）は二文字で一音節と数えるので誤り。促音・撥音・長音は一文字で一つの音節である。ウ「っ」は促音、「ん」は撥音なので誤り。オ「イントネーション」ではなく、アクセントの説明なので誤り。イントネーションとは、文の末尾の上がり下がりの調子のこと。

❹ ①「チョ」は拗音、「ッ」は促音。②「こうちょう」の「う」は長音、「ちょ」は拗音、「せんせい」の「ん」は撥音。③「ん」は撥音、「う」は長音。

❺ 文の末尾の上がり下がりの調子を「イントネーション」といい、通常の文では下がり、質問の文では上がる。①通常の文なので、下げる。②質問の文なので、上げる。③「〜の。」という末尾で質問の文のようだが、友人に尋ねたり聞いたりしているわけではないので通常の文。末尾は下げる。

詩の心――発見の喜び

8〜9ページ Step 1

❶ (1)口語自由詩 (2)A表面的 B深く (3)A命 B虫の声 (4)ア (5)私たちの隠れた、気づかない詩の心 (6)ものによく

考え方

❶ (1)どちらも現代の話し言葉で書かれ、決まった字数のない詩なので口語自由詩である。「土」には「やうだ」と現代とは違う仮名遣いが用いられているが、声に出して読んだときに今の話し言葉と同じなので、口語である。

(3)自分の命が短く、切羽詰まった気持ちを持っていたから、日常聞き慣れた虫の声も「切羽詰まった、真剣な命の声」に聞こえたということ。

(5)「ああ／ヨットのやうだ」は「よく見かける小さな光景」から得た「発見や驚き」である。これが、「私たちの隠れた、気づかない詩の心を目覚めさせ、改めて連想や比喩の楽しさを教えてくれ」るのである。

(6)最後から二文目の「詩とは……」に続けて書かれている。ものに感じて、新しい驚きを発見する喜びを教えてくれるのが、詩の本質なのである。

文法の窓1・漢字道場1

10〜11ページ Step 2

❶ ①そぼく ②ぎこう ③つ ④けっかく ⑤さい ⑥しがい ⑦ひゆ ⑧ふでづか ⑨ちが ⑩ぼうせん ⑪おとめ ⑫こっきしん ⑬きじょう ⑭かわせいひん ⑮さんかくす

❷ ①悠然 ②隠 ③新鮮 ④驚 ⑤涙 ⑥真剣 ⑦玄関 ⑧芝生 ⑨外科 ⑩弓道 ⑪氏神 ⑫卵黄 ⑬耳鼻科 ⑭入荷 ⑮分泌

❸ (1)①四 ②六 ③七 ④七 (2)イ

❹ (1)①イ ②ア ③ウ (2)①三 ②四 ③七 ④六 (3)ウ

考え方

❸ (1)それぞれ文節に分けると次のようになる。
①夕べは／寝るのが／遅く／なった。
②私の／父は／野球に／関して／とても／くわしい。

③ぼくの／将来の／夢は／優秀な／プログラマーに／なる／ことだ。
④寒い／冬は／こたつで／みかんを／食べるのが／最高の／幸せだ。
「ね・さ・よ」を入れて確かめるとよい。付属語だけで文節を作ることはないので注意する。

(2) ア「初め／に」は二単語、「説明する」は一単語である。ウ「待と／う」「思っ／た」「あきらめ／た」はそれぞれ二単語である。

❹
(1) 日常生活の中で、それぞれの種類の活字を探してみよう。
(2) ①二画目は左から右に書く。
②一画目と二画目を分けることに気をつける。
③最後に左と下を囲む七画目を一画で書く。
④六画目を一画で書く。
(3) エのように「心」を先に書く間違いが多いので注意する。

飛べ　かもめ

12〜13ページ Step ❶

❶
(1) ウ
(2) イ
(3) A次の駅　B砂浜
(4) 自分の翼
(5) ウ

考え方

❶
(1) 「自分は、暖房の効いた列車の中に、のんびりと座っている」とある。一方、かもめは「懸命に羽ばたいている。前進している。自分の意志と力だけを頼りに」とある。そんな自分とかもめを比べてどんな思いになったかを考える。
(4) 少年が「瞳に光を取り戻」すということは、少年の気持ちが変わったことを表している。少年の気持ちを変えたのは、列車の外を自分の翼で飛んでいたかもめである。
(5) 「雨が上がった」後の「虹」は、普通美しく良いこととされるので、ここでも少年の気持ちが明るく前向きになったことを表している。少年は、懸命に羽ばたくかもめに比べ、列車の中でのんびりしている自分を恥ずかしく思い、「この次の駅で降りよう。そして、砂浜を走って帰ろう」と前向きに行動する決意をしたのである。

さんちき

14〜15ページ 

❶
(1) イ
(2) 順番
(3) イ
(4) ウ
(5) おろおろ
(6) ア

考え方

❶
(2) 次の親方の言葉に注目しよう。「順番がまちごうてるやないか」と言っている。そして事実、本来なら「さ ん き ち」であるべきところが「さ ん ち き」と彫られていたわけである。
(3) 「ごしごし」こするのは、消すときの動作である。
(4) 三吉は自分が取り返しのつかないことをしてしまったとはっきり自覚している。したがって、アの責任を親方に委ねるようなことは考えていない。また、名前を間違えるというのは自分にとって取り返しのつかないことであり、親方に対して申し訳ないと思っているわけではない。どうしようもないとは思いつつ、どうしてよいか分からない思いでいっぱいで、ウのようになんとかできないかと、すがるような思いでいると読み取ることができる。
(5) 擬態語とは、物事の状態や様子をそれらしく表した言葉。

さんちき

16〜17ページ Step 2

❶ (1) 車を残す　(2) ウ　(3) 例 いい車大工になれるようにと、三吉をはげます気持ち。　(4) イ　(5) 例 親方にはげまされ、腕のいい車大工になろうと決意を新たにする気持ち。

❷ ①縛　②叫　③物騒　④丁

考え方

❶ (1) 後の会話文中に「侍たちは、何にも残さんと死んでいくけど、わしらは車を残す」とあることから考える。

(2) 同じ会話文中に「わしらみたいな町人の暮らしは、途切れんと続いてるやろ」「祇園祭りも……引かれていく」とある。また、次の親方の会話文に「ほう……車や。長持ちしてるなあ」とあることにも注目する。

(3) 三吉のことを「半人前」と言いながらも、三吉が作った矢をぐいと引いて「ええ仕上がりや」とほめている。百年先の人の言葉に、三吉はいい車大工になれると励ます気持ちを込めているのである。

(4) 親方の腰を押す動作は、照れる気持ちを表している。

(5) 「思い切り息を吸い込んで」からは強く決意する様子が読み取れる。親方に励まされ、「さんちきは、きっと腕のええ車大工になるで」とつぶやきながら、自分でもいい車大工になろうと改めて決意しているのである。

日本語探検2

18〜19ページ Step 2

❶ ①どんこう　②は　③すわ　④いくじ　⑤ゆくえ　⑥にじ　⑦でし　⑧と　⑨てい　⑩お　⑪こう　⑫しば　⑬かろ　⑭ねぼう　⑮ぶさた

❷ ①畳　②人影　③握　④振　⑤甘　⑥怠　⑦締　⑧辛　⑨響　⑩慌　⑪隣　⑫鋭　⑬腰　⑭根拠　⑮一般

❸ ①ア　②オ　③イ　④エ　⑤ウ　⑥キ　⑦カ

❹ ①エ　②イ　③ウ　④ア

考え方

❸ 前後の文の関係を考える。①「姉の子供」を言い換えたのが「おい」という言葉なので、アの「つまり」が当てはまる。②「練習した」ことと「負けてしまった」ことは予想とは逆の結果なので、オの「だが」が当てはまる。③話を終えて、まったく違う話題にするイの「さて」が当てはまる。④「上ばきを洗った」ことに加えて「ベランダに干した」と付け加えているので、エの「そして」が当てはまる。⑤「遠足は中止になった」の理由が続いているので、ウの「なぜなら」が当てはまる。⑥「甘いもの」が好きな祖母に「大福」を持っていったと、当然考えられることが続いているので、キの「だから」が当てはまる。⑦「寒い冬でも咲く花」の一例として「つばき」を挙げているので、カの「例えば」が当てはまる。

❹ ①「こちら」に対しての様子を聞いているので、エの「そちら」が当てはまる。②「おいしそうな店が並んでいる」(＝複数ある)状態で店の選択を問うているので、「店」に続くのはイの「どの」が当てはまる。③「カフェ」という、話し手からも聞き手からも遠いところにある場所を指しているので、ウの「あそこ」が当てはまる。④「私が今いる」とあるので、話し手から近い位置にある場所を示す、アの「ここ」が当てはまる。

オオカミを見る目

20〜21ページ　Step 1

❶ (1) 台風には逆
(2) A稲（米）　B殺してくれる
(3) オオカミの徹底的な撲滅作戦
(4) ① イ
② 忌まわしい動物
(5) 悪者

—考え方—

❶ (2) 直前に「したがって」という接続語があるので、その前に理由となる内容が書かれていることが分かる。前の部分には、「心血を注いで育てた稲」が「イノシシやシカに食べられたりしたら」、「強い憎しみを感じたにちがいありません」と書かれている。「そのイノシシやシカを殺してくれるのがオオカミ」だったので、人々は「オオカミは自分たちの味方」と考えるようになり、その結果、オオカミは「神のように」敬われるようになったのである。

(3) 傍線の前の行にある「その影響もあって」の指示語「その」の指す内容を捉える。さらに前の部分に「明治時代にはオオカミの徹底的な撲滅作戦が繰り広げられ」とあり、この部分が「その」の指す内容である。

(4) ① 当てはまらないものを選ぶことに注意する。直後の「狂犬病は……」から、「狂犬病」の説明が述べられている。「イヌ科の動物がかかりやすい感染症」であること、「狂犬病にかかったオオカミは獰猛になり、何にでもかみつくようになるために、人をもよく襲う」ことが、ア・ウの内容と一致する。「いったん発症すると数日間で死亡する」とは書かれているが、「その日に全員死亡する」とは書かれていないので、イは誤り。

② 同じ段落の最後の文に、狂犬病の流行によって「オオカミはにわかに忌まわしい動物となっていきました」とある。これまで、「神として敬われる」存在であったオオカミが、江戸時代の狂犬病の流行によって見方が一変したという流れを読み取る。

オオカミを見る目

22〜23ページ　Step 2

❶ (1) イ・エ（順不同）
(2) ① 例 オオカミのイメージが悪化し、害獣として駆除されるようになり、更に感染症の流行、生息地や食料の減少などの条件が重なったから。
② ところが
(3) 例 日本とヨーロッパでは、農業の在り方が違ったから。
(4) 例 人の考えや行いは、社会の状況によって異なったり、変化したりするということ。

❷ ① 伏　② 軸　③ 基盤　④ 祈

—考え方—

❶ (1) 一つは「江戸時代の中頃」に狂犬病が流行し、かみつかれて人が死ぬこともあったからである。もう一つは「明治時代」に日本が近代化・軍国化を急ぎ、西洋の知識や価値観を取り入れたからである。

(2) ① オオカミのイメージが悪化したため、「害獣として駆除の対象」となり、さらに「感染症であるジステンパーの流行」「開発による生息地の減少」「食料であるシカの激減」など「オオカミにとって不利な条件」が重なって絶滅したのである。

② オオカミが絶滅したことに対する現在の日本での考えは、次の段落に書かれている。「オオカミの絶滅が自然のバランスを崩し、シカの激増を招いてしまった」ことを反省しているのである。

(3) 「日本とヨーロッパでは、同じ農業を営んでいても、その在り方が違った」ことが原因である。「簡潔に」とあるので、この部分を書けばよい。

(4) 最後の段落の初めに「このように」とあることから、ここまで述べてきた「オオカミ」の例をまとめていることが分かる。最後の段落では、オオカミのイメージに限らず、人の考えや価値観は、社会によって異なるし、変化もする不安定なものだということを主張している。

文法の窓2・漢字道場2

24〜25ページ Step 2

❶ ①しょうちょう ②とら ③しゅうげき ④おそ ⑤ぼくちく ⑥そうしょくじゅう ⑦ぼくめつ ⑧かんせんしょう ⑨さら ⑩さわ ⑪ぶすい ⑫げんかく ⑬ゆうしゅう ⑭さ ⑮ぞうきん

❷ ①賢 ②栽培 ③悪魔 ④稲 ⑤江戸 ⑥普及 ⑦被害 ⑧崩 ⑨臆病 ⑩桃 ⑪泡 ⑫兼 ⑬風鈴 ⑭芯 ⑮汚

❸ (1)①ア ②ウ ③オ
(2)①ア ②オ ③エ
(3)①エ ②オ ③イ

❹ (1)①新品 ②頭痛 ③消火 ④決心
(2)①イ ②エ ③ア ④ウ

考え方

❸ (1)①「あなたは」が主語、「理解できますか」が述語。
②「本は」が主語、「完売だった」が述語。「欲しかった」は「本は」を修飾している。
③主語のない文である。「行くの」が述語、「やあ」は、呼びかけの独立語である。
(2)①「この本は」は二文節からなり、「おもしろい」に対する主部。
②「教師になる」は提示を表す独立部。
③「遅い時間なので」は、「もう寝よう」の理由になっているので、順接を表す接続部。
(3)①「上巻」と「下巻」は入れ替えても意味が変わらないので、並立の関係。
②「きた」は本来の意味が薄れ、「持って」を補助している。
③「赤い」は「花が」を修飾している。

❹ (1)③④熟語にするときは「消火」「決心」と、下の漢字が上の漢字の目的語になる。
(2)①「絵」の「エ」は音読みなので注意する。
③「気」には「ケ」「キ」の二つの音読みがある。

碑

26〜27ページ Step 1

❶ (1)ウ
(2)ア
(3)四
(4)A爆風 B猛火(順不同)
(5)①A形相 B重いやけど
②悲しく浅ましかった

考え方

❶ (1)「屍の街」の中では、「海の底でいなずまに似た青い光に包まれたような」「大地を震わせるような」「雷鳴がとどろきわたるかと思うような」「山上から巨大な岩でも崩れかかってきたように」など、直喩が多用されている。この比喩によって、爆発の衝撃のすさまじさが、読者にも実際体感したかのようなリアルさをもって伝わってくる。
(3)山田哲治君、下野義樹君、酒井春之君、岡田彰久君の四人の話が書かれている。
(5)①原子爆弾の被害に遭った人たちのことを「もうどの人の形相も変わり果てたものになっている」「重いやけどの人々」と表現している。

②直後に「恐ろしいのでなく、悲しく浅ましかった」とある。

碑

28〜29ページ　Step 2

❶(1) 行方不明

(2) 例（息子がすぐに死ぬとは思っていなかったので、）話を聞くより、息子を休ませることを優先しようと考えたから。

(3) ア

(4) 例 お国のために任務を果たしました。

(5) 例 お母ちゃんはまだ死なないでほしいという意味。

(6) 例 原子爆弾の力と被害がいかに大きかったかということ。

❷ ①柳　②同僚　③偵察　④震

考え方

❶(1) 直後に「遺体を見つけることができませんでした。つまり、行方不明」とある。半数近くの生徒は、遺体を見つけることもできず、行方不明のままなのである。

(2) 春之君の意識ははっきりしていたので、お母さんは息子がこんなに早く亡くなるとは思っていなかったのである。そのため、その日は話を聞くことよりも、まず寝かせて休ませることが優先と考えたことが分かる。

(3) 息子が亡くなる前に話を聞けなかったという後悔ややるせなさ、悲しみを感じている。

(4) 当時の子供たちは、国のためにつくすことを任務と考えていたと想像できるので、亡くなる間際にそのことを伝えたかったと考えられる。

(5) 「意味の深い言葉」は「後からでいいよ」を指している。これはお母さんが死ぬのは後でいい、つまり長く生きてほしいという意味である。

(6) たった一つの爆弾で、広島二中一年生の生徒と先生がすべて亡くなったのである。想像を絶するほどの原子爆弾の威力と被害のすさまじさが伝わってくる。

私のタンポポ研究

30〜31ページ　Step 1

❶(1) 十一・三・三

(2) ①ウ　②A関係なく　B適温

(3) 発芽率

考え方

❶(1) 実験の内容は、次の段落にまとめられている。

・温度の設定については、「四度から、三度ずつ高くして三十四度まで、十一段階」とある。

・「カントウタンポポ、セイヨウタンポポ、雑種タンポポの三種類の種子」を用意したのである。

・「それぞれの温度で毎日何粒が発芽したのか」を「三週間」調べたと書かれている。

(3) 直前に「最も発芽率の高かった」とある。高温で発芽しなかった種子が生きているのか、枯れてしまったのか調べるために、「最も発芽率の高かった十六度」を設定したのである。結果、カントウタンポポも雑種タンポポも大部分が発芽したので、高温で発芽しなかった種子も生きていることが分かった。

私のタンポポ研究

32〜33ページ　Step 2

❶(1) セイヨウタ（〜）さについて

(2) 例 セイヨウタンポポの種子は高温でも発芽するため、夏でも発芽して芽生えの状態になっているから。

(3) 例 もし生き残れるなら暑さの中で発芽しても問題ないが、もし暑さに弱いのなら都市部で子孫を残すことは難しいと予想できるから。

(4) 例 六度から二十四度までは、どの種類のタンポポも大部分が生き残っていたが、三十一度以上では、雑種タンポポのほうがセイヨウタンポポよりも生き残る割合が高くなった。

(5) ④ 例 生き残る可能性がある　⑤ 例 芽生えが暑さに弱いため、恐らく枯れてしまう

(6) 雑種タンポポ

❷ ① 駆逐　② 詳　③ 謎　④ 速

考え方

❶ (1) 最初の文に「セイヨウタンポポと雑種タンポポの芽生えの生き残りやすさについて考えてみましょう」と、話題を提示している。

(2) 直前のセイヨウタンポポの発芽についての説明に着目する。「セイヨウタンポポの種子は三十四度でも発芽することから、夏でも発芽するでしょう」とある。

(3) セイヨウタンポポは高温の夏でも発芽するので、この発芽した状態で、高温の中を生き残れるかどうかが重要なのである。

(4) 直後の文から実験結果が説明されている。「六度から二十四度までは、どの種類のタンポポも大部分が生き残っていました」、「三十一度以上」では、「雑種タンポポのほうが、セイヨウタンポポよりも生き残る割合が高くなりました」とある。この二点を押さえてまとめる。

(5) それぞれ、すぐ後の説明を読み取る。④「雑種タンポポ」は、芽生えが高温に強いことが分かったため、「生き残る可能性」があると予想できる。⑤「セイヨウタンポポ」は、三十一度以上では生き残る割合が低かったので、暑さの中では「恐らく枯れてしまう」と予想される。

(6) 実験結果と筆者の考えを踏まえて、三種類のタンポポのうちどのタンポポが生き残る可能性が高いか考える。

日本語探検3・漢字道場3

34〜35ページ　Step 2

❶ ① やなぎ　② せんべい　③ ふうしょ　④ ふね　⑤ さかのぼ　⑥ か　⑦ なんつぶ　⑧ か　⑨ あたい　⑩ はし　⑪ ふく　⑫ なえ　⑬ しゆう　⑭ けいい　⑮ しつじつごうけん

❷ ① 架　② 偵察　③ 励　④ 枕　⑤ 徹　⑥ 比較　⑦ 避　⑧ 閲覧　⑨ 開催　⑩ 冠　⑪ 幕　⑫ 安泰　⑬ 抵抗　⑭ 寛容　⑮ 襟

❸ (1) ① イ　② ア　③ ア　④ イ
(2) ① だるい　② かたづける　③ きつい　④ 捨てて

❹ (1) ① イ　② ア　③ ウ　④ エ
(2) ① イ　② ウ

考え方

❸ (1) 方言は、地域ごとに異なり、家族や友達と話すときに使われることが多い言葉である。逆に、共通語は主に東京の言葉をもとに作られてきた、全国に共通する言葉である。全国に共通しているので、メディアなどで使われることが多い。方言はふだん着の言葉、共通語はよそ行きの言葉ということができるだろう。最近では、「しんどい」などのように、方言が共通語になってしまった例もある。

(2) ①「こわい」は北海道の方言。②「なおす」は関西・九州地方の方言。③「せまい」は「きつい」「小さい」という意味の沖縄の方言。④「ほる」は「捨てる」という意味の関西地方の方言。

❹ (1) 「衤」は「衣」、「扌」は「手」、「月」は「肉」、「忄」は「心」からできた部首である。

(2) ①「視」の部首は「見（みる）」、他は「礻（しめすへん）」。②「聞」の部首は「耳（みみ）」、他は「門（もんがまえ）」。

月夜の浜辺

36〜37ページ Step 1

❶ (1) 七（音）
(2) イ
(3) ボタン
(4) ① ア
② 指先に沁み、心に沁みた（から。）
(5) イ

考え方

❶ (2) 1・2行目が7・8行目で繰り返されている。また、3・4行目も9・10行目で、さらに6行目も13行目で繰り返しになっている。全く同じ語句を繰り返す表現技法は、反復である。
(3) 6行目の「それ」は、「波打際に、落ちてゐた」ボタンである。
(4) ①ここでは、反語が使われている。「どうしてそれが、捨てられようか？（いや、捨てられるわけがない）」と、（　）の言葉が省略されている。
②作者もはっきりとした理由を示しているわけではないが、詩の中ではボタンが「指先に沁み、心に沁みた」（から捨てられない）と書かれている。

移り行く浦島太郎の物語

38〜39ページ Step 1

❶ (1) ① 浦島子　② 丹後　③ 蓬莱山　④ 和歌
(2) ① 竜宮城　② 玉手箱・おじいさん
(3) ウ
(4) 時代の変化・その時代時代

考え方

❶ (1) 第二段落の一行目に「丹後の国に浦島子とよばれる男性がいました」とあり、主人公は「浦島子」、舞台となる場所は「丹後の国」であることが分かる。また、二人がいっしょに行く場所は、「竜宮城」ではなく「蓬莱山という仙人の住む島」であると書かれている。現在の浦島太郎の物語の最後は、玉手箱を開けておじいさんになってしまうというのがお馴染みだが、奈良時代のものは「島子と女性は和歌を詠み合い、二度と会えないことを嘆き悲しみました」とある。奈良時代と今とでどんな点が違うかはっきりさせることで、一つの物語が時代によって変化したことが理解できるだろう。
(3) 「浦島太郎の物語」が「時代を経てさまざまに変化してきた」ことが分かる例を、「このように」とまとめている。具体的には、「古典の中に出てくる浦島太郎をもとに、明治時代の小説家が、子供向けに書き換えたもの」だということ、「江戸時代には浦島太郎の物語を下敷きにした物語」が書かれたこと、「小説家の太宰治も、浦島太郎の物語を題材とした作品を書いて」いることである。古典から今の浦島太郎の物語に書き換えられたのは、江戸時代ではなく明治時代なので、ウが誤り。

伊曽保物語

40〜41ページ Step 1

❶ (1) にわかに
(2) かわいそうな
(3) A 川　B 枝の先
(4) ア
(5) イ
(6) 人の恩を受けたらむ者は、いかさまにもその報ひをせばやと思ふ志を持つべし（。）

考え方

❶(1) 語中・語尾のハ行の「はひふへほ」は「ワイウエオ」に直す。

(2) ここでは現代語の「あわれ」に近い「かわいそう」という意味で使われている。古語の「あはれ」には、他に「しみじみとした趣がある」「かわいい」「悲しい」という意味もある。

(4) 「色」はここでは「事情」という意味である。鳩を捕らえようとする人間が蟻にかまれたことにひどくおびえていたが、なぜかまれたのかは分かっていないだろうということである。しかし、一方、鳩のほうはこの事情に気がついて逃げたというのである。

(5) 人は「その出来事の（起こった）事情」が分からなかったけれども鳩は「理解し」たというのである。したがって、「これ」の内容は、蟻が、自分が川でおぼれているところを助けてもらった恩返しに、鳩を助けるために人の足にかみついたことを指す。

竹取物語

42～43ページ　Step 1

❶(1) その竹の中に

(2) かぐや姫・翁・媼（順不同）

(3) ③よろず　④いいける

(4) 筒の中

(5) 私が、毎朝毎晩見る竹の中にいらっしゃる

(6) A翁　Bかぐや姫

(7) ア

考え方

❶(2) この古文中では、三人の人物が登場する。まずは、「竹取の翁」。「さぬきのみやつこ」という名前である。その翁が竹の中に見つけた「三寸ばかりなる人」が「かぐや姫」である。さらに、そのかぐや姫を育てたのが「媼」、つまり「翁」の妻である。

(3) ③「づ」は「ず」に直す。④語中・語尾の「はひふへほ」は「ワイウエオ」に直すので、「ひ」は「い」となる。

(4) 直前の内容に着目する。根元が光る竹があったので、その筒の中を見るとかぐや姫がいたという内容である。翁が見たのは、「筒の中」である。

(5) 現代語訳の中から、前後の言葉を手がかりに探すとよい。「我」は「私」のこと、「知りぬ」は「分かった」という意味で、翁の言葉である「　」の中から探す。

(7) 直前に「いと幼ければ」（たいへん幼いので）と理由を表している。

竹取物語

44～45ページ　Step 2

❶(1) イ

(2) 帝

(3) 例 かぐや姫が早く手紙を書き終わらないことに対し、いらいらする様子。

(4) 天人

(5) おおんふみ

(6) かぐや姫

(7) 例 天の羽衣を着たから。

❷ ①愚　②理屈　③優　④拒否

考え方

❶(1) かぐや姫のこの言葉は、早く月に連れて帰りたがっている天人に対して、「しばし待て」と言った理由なので、「月の世界への望郷」の気持ちはない。

(2) 現代語訳に「帝にお手紙をさしあげなさる」とあるので、帝宛ての手紙だと分かる。

(3) 現代語訳を参考にすると、「いらいらして」とある。何に対していらいらしているのかというと、かぐや姫が手紙を書くと言って、すぐ帰ろうとしないことに対してである。

(4) かぐや姫の天人に対する言葉であることから考える。「遅し」といらいらしている天人に対して、「ものをわきまえないことを、おっしゃらないでください」と言ったのである。

(5) 「御」は「おほん」と古文では書かれるが、この「ほ」は語中にあるので「お」に直す。

(6) 天人に「遅し」と急かされても、もの静かに手紙を書いて冷静な様子であるのは、かぐや姫である。

(7) 直前の「ふと天の羽衣うち着せ奉りつれば」に着目する。天人に天の羽衣を着させられたために、翁たちに対する思いもなくなってしまったのである。

矛盾「韓非子」より

46〜47ページ Step 1

❶ (1) ① 例 売る ③ 例 鋭い

(2) 例 突き通せるものはないのだ

(3) ア

(4) 以ツテ二子之矛ヲ一、陥サバ二子之盾ヲ一

4 1 2 3 8 5 6 7

(5) ウ

(6) 例 話のつじつまが合わないこと。

考え方

❶ (1) 現代語訳と対応させてそれぞれの語の意味を捉える。

(2) 「能く〜」は「〜できる」という意味である。「陥すことができるものはない」という意味になるので、現代語訳を参考に直す。

(3) 「陥さざる無きなり」は二重否定になっている。「突き通さない」ことを否定しているので、「突き通す」という意味である。

(6) つじつまの合わないことを言った楚の国の商人が、ある人の鋭い指摘に答えられなかったことから、「矛盾」という言葉ができた。

日本語探検4・文法の窓3

48〜49ページ Step 2

❶ ①うらしま ②つる ③ちょうじゅ ④したじ ⑤しず ⑥むく ⑦やさ ⑧りくつ ⑨つつ ⑩かれ ⑪むじゅん ⑫はな ⑬つ ⑭やまと ⑮かいしゃく

❷ ①亀 ②室町 ③輝 ④舞台 ⑤触 ⑥翻訳 ⑦浮 ⑧与 ⑨拒否 ⑩諦 ⑪脱 ⑫添 ⑬陣 ⑭早速 ⑮疲

❸ ①ケ ②オ ③キ ④ア ⑤イ ⑥ウ ⑦コ ⑧エ ⑨ク ⑩カ

❹ (1) ①イ ②ウ ③ア
(2) ①イ ②ア

考え方

❸ ①単独で文節を作れず、「ように」「ような」のように語形が変化するので助動詞。
②名詞「味」を修飾しているので連体詞。
③前と後をつなげているので接続詞。
④言い切りの「寝る」がウ段の音で終わっているので動詞。
⑤言い切りの「すばらしい」が「い」で終わっているので形容詞。
⑥言い切りの「静かだ」が「だ」で終わっているので形容動詞。
⑦単独で文節にならず、語形が変化しないので助詞。
⑧「図書館がある」など主語になりうるので名詞。
⑨他から独立しているので感動詞。
⑩「決して〜ない」となる呼応の副詞。

❹ (1) 他にも「日に焼ける」(日光)、「日に一万歩歩く」(一日)、「出発の日」(日時)などの意味がある。

(2) 他にも「かぎをかける」(閉める)、「声をかける」(届かせる)、「眼鏡をかける」(顔につける)などの意味がある。

少年の日の思い出

50～51ページ Step 1

❶ (1) ① クジャクヤママユ
② 展翅板
(2) イ
(3) ウ
(4) 大きな満足
(5) びくびく・どきどき（順不同）
(6) 例 クジャクヤママユが潰れてしまったこと。

考え方

❶ (1) 直後の文に「クジャクヤママユは展翅板に留められていた」とある。「僕」はエーミールがチョウを収集している箱を勝手に見たが、そこには「クジャクヤママユ」はなかったので、「展翅板」のほうを見たのである。
(3) この文の主語は「斑点が」、述語は「見つめた」である。「斑点」という人ではないものが、「見つめた」という人の動作をしたように表現しているので「擬人法」である。
(4) このときはまだ、「自分は盗みをした、下劣なやつだ」と悟ることもなく、「見つかりはしないか、という恐ろしい不安に襲われ」てもいない。ただ、自分の欲しかったチョウを手に入れた満足感でいっぱいなのである。
(6) 一文おいた後に注目する。自分のポケットに隠していたチョウは、潰れてしまっていたのである。そのことを「不幸」と表現している。

少年の日の思い出

52～53ページ Step 2

❶ (1) イ
(2) 例 チョウの壊れた羽が丹念に広げられ、ぬれた吸い取り紙の上に置かれていたから。
(3) 例 クジャクヤママユを台なしにしてしまったこと。
(4) ア
(5) 例 どのようにしても許してもらえないことだと分かってはいるが、自分で自分を罰する気持ち。

❷ ① 書斎 ② 透明 ③ 濃 ④ 蓋

考え方

❶ (1) 盗みをしたことは認めるが、わざとチョウを潰したのではないことは信じてほしかったのである。
(2) 直後に「壊れた羽は丹念に広げられ、ぬれた吸い取り紙の上に置かれてあった」とあり、それを見た「僕」は、エーミールがチョウを繕おうとしたのだと気づいたのである。
(3) 何を「詳しく話し、説明しよう」としたのかと考えると、「僕」が「クジャクヤママユを台なしにしてしまった」ことである。
(4) 「すんでのところで……ところだった」とは、飛びかからなかったということである。実際、エーミールのチョウを盗んだのも潰してしまったのも自分なので、エーミールに何を言われようと、どんな態度を取られようと、悪いのは自分であり正義はエーミールのほうにあると分かっていたのである。
(5) 一気に箱ごと捨てるのでなく、「一つ一つ取り出し」て押し潰していることに注目しよう。「一度起きたことは、もう償いのできないものだということを悟った」「僕」は、エーミールに許してもらうことは難しいと考え、それでも自分の罪を償いたくてチョウを潰したと考えられる。

文法の窓4・漢字道場4

54～55ページ Step 2

❶ ① めずら ② みょう ③ かんだか ④ ゆうぎ ⑤ かんき

⑥えもの　⑦つくろ　⑧つの　⑨いかん　⑩めじり
⑪さんせき　⑫あねったい　⑬やよい　⑭せきつい
⑮じんぞう

❷ ①縁　②網　③自慢　④畳　⑤呈　⑥優雅　⑦誘惑　⑧罰
⑨償　⑩嫉妬　⑪凍　⑫手袋　⑬掃除　⑭哺乳類　⑮収穫

❸ ①イ　②ア　③エ　④オ　⑤ウ

❹ ①エ　②イ　③ア　④ウ

❺ ①速さ　②美しさ　③動き　④穏やかさ　⑤行き
⑥にぎやかさ

考え方

❸ ①「一郎」は人の名前なので固有名詞。
②「先生」は物事を表す一般的な名詞。
③「あなた」は人を指し示す代名詞。
④この「こと」は実質的な意味をなくし、「発表する」という修飾語と結び付いているので形式名詞。
⑤「何日」は、数ははっきりしないが、数詞である。

❹ ①「山村」に「さん」という接尾語が付いたもの。
②「雨」と「雲」という名詞が結び付いたもの。
③「走る」という動詞から転成したもの。
④「辛い」という形容詞に接尾語の「さ」が付いたもの。

❺ ①②④⑥「さ」という接尾語を付けて「速さ」「美しさ」「穏やかさ」「にぎやかさ」とする。③動詞の連用形には名詞として転用できるものがある。「動く」の連用形「動き」も名詞として使える。「流れる」の連用形「流れ」なども同じ。⑤「行きのバスは八時発だ」などのように「行き」で名詞となる。

風を受けて走れ

56〜57ページ　Step❶

❶ (1) ①廊下・義足
②油圧の膝継手
③外の道路
(2) A交互　B両足
(3) イ
(4) ウ
(5) 例 一人が走れるようになると、相乗効果で仲間も走れるようになった。

考え方

❶ (2) 同じ段落に、柳下が走れるようになるまでの過程が書かれている。「ゆっくりとスタート」し、「最初は早歩き。それから小走り」になったのである。そのときの柳下は、「足は交互に出ている」「両足が浮いている」という状態で、これを見て「走っている」と思ったのである。
(3) 直前までの段落で、柳下が走れるようになるまでの様子が説明されており、それを受けて「喜びをかみしめていた」のだと分かる。ア「義足の開発に成功した」、ウ「走れる義足の人が多くなり」は不適切。
(5) 最後の一文に「一人が走れるようになると、相乗効果で仲間もついてきた」とある。「若くて運動能力があり、前向きな姿勢を持った」人たちだったので、お互いに良い影響があったと考えられる。

風を受けて走れ

58〜59ページ　Step❷

❶ (1) 例 板バネには、強い反発力があるから。
(2) 最初は一歩
(3) 例 義足でも走れる人が少しずつ増え、そこから何かが生まれたり、前向きな人生を送れるようになったり、別のことに挑戦できたりする可能性。
(4) ウ

(5) 例 大声を張り上げたり、目立とうとしたりせず、それでも一切手を抜かずに縁の下の力持ちに徹する態度。
(6) 再び走れるようになった証明
(7) 例 自分が走ることによって感じることのできる風。

❷ ①必需　②膝　③抱　④丈夫

—考え方—

❶ (1) 「板バネ」の性質に着目すると、直前の文に「板バネには、強い反発力があった。」と書かれている。
(2) 直後の「それ」は、「板バネ」を指す。「板バネ」は「一歩を踏み出すのもためらっていた若者たち」を、「百メートルを二十秒ほどで走るランナー」に変身させる力があるのである。
(3) 次の三文に書かれている内容をまとめる。「少しずつでも走れる人が増えていく」、「そこからまた何かが生まれるかもしれない」、「前向きな人生を送れるようになるかもしれない」、「別のことにも挑戦できるかもしれない」のである。
(4) 臼井の「初心」とは、「不安を感じながらも走る気力を奮い起こした初心者を、何よりだいじにしたい」という「信念」のことである。
(5) 「ひょうひょう」とは、性格や考え方などが独特で捉えどころがない様子である。ここでは、普通なら大声を出して鼓舞したり、先導者として目立ったりしてもおかしくない立場の臼井が、そういうことはせず「縁の下の力持ち」に徹していることを表現している。
(6)・(7) 自分で走ることによってのみ感じられる風を感じることが、「再び走れるようになった証明」なのである。

ニュースの見方を考えよう

60〜61ページ　Step❶

❶ (1) 街頭インタビュー
(2) ア
(3) Aサラリーマン　B限られた
(4) 番組制作者の判断が行われている
(5) 例 視聴者の関心が低いと判断されたから。

—考え方—

❶ (2) 前の段落に着目すると、渋谷では、「歩いている若い人にマイクを向けても、……全くインタビューになりませんでした」とある。この内容と一致するアが正解。
(3) 渋谷から銀座に移動したところ、今度は会社帰りのサラリーマンが多く、限られた人たちの偏ったインタビューになってしまった。このことを「困った」と言っている。
(5) 「サッカーのワールドカップ」は「視聴者の関心が高い話題」、紛争のニュースは、視聴者が「たいして関心を持たない」話題と判断されたのである。

ニュースの見方を考えよう

62〜63ページ　Step❷

❶ (1) ① 例 視聴率は低いものと考えられていた。
② ウ
(2) 例 少し誇張した言い回しや、大げさなコメントとともに音楽をかけること。
(3) 例 制作者が意図やねらいを持って編集した、ふだん何気なく見ているニュース。
(4) イ
(5) ニュースの受

❷ ①渋谷　②紛争　③先輩　④誇

—考え方—

❶ (1) ①後に続く文に書かれている。
②視聴率を取るためにしている工夫は第四段落に書かれている。

当てはまらないものを選ぶことに注意する。
(2) 「演出」とは、ここでは効果をねらい、物事のやり方を工夫すること。「なかには」で始まる段落で例を挙げている。
(3) 前の段落の内容をまとめる。
(4) 同じ段落にある二つの接続語、「あるいは」「ときには」の前後の部分から三つ、筆者のすすめている聞き方を捉えて答える。
(5) 「いずれ社会人になるあなた」とは中学生の読者であることを踏まえて、最後の段落から探す。

文法の窓5・漢字道場5

64〜65ページ Step 2

❶ ①ぎし ②ひつじゅひん ③じょうぶ ④ろうか ⑤そうしつかん ⑥ぼうとう ⑦せんたく ⑧えんじょう ⑨げんがく ⑩まさつ ⑪せいめい ⑫ふごう ⑬ふぞく ⑭そぜい ⑮きん

❷ ①薄 ②湾曲 ③挑戦 ④悩 ⑤連絡 ⑥競 ⑦刈 ⑧猿 ⑨譜面 ⑩犠牲 ⑪阻止 ⑫狙撃 ⑬選択 ⑭抄訳 ⑮巨匠

❸ (1) ①ない ②はず
(2) ①ウ ②ア
(3) ウ
(4) ①ウ ②イ

❹ ①ア ②エ ③カ ④イ

考え方

❸ (1) ①「決して」は後に「ない」などの否定の言葉がくる。
②「きっと」は後に「はず」や「だろう」がくる。ここでは二字で書くので「はず」が適切。
(2) ①後で理由を説明している。
②前後の文が逆の内容になっている。

(3) ウ 「大きい」は形容詞である。
(4) ①相手への答えである。
②代名詞「あれ」から転じた驚きを表す感動詞である。

❹ ①目と手により「手をかざして遠くをみる」意味を表す。

わたしの中にも

66〜67ページ Step 1

❶ (1) イ
(2) 天・背伸び
(3) わたしの中にも そのように
(4) 1(・)2(行目)
(5) A ういういしい B 舞い立つ
(6) ウ

考え方

❶ (2) 4・5行目に「天に向かって/まっすぐ 背伸びして」とある。
(3) 反復とは、同じ語句や文を二回以上繰り返す表現技法である。したがって、第二連と第四連で同じ語句が繰り返されているのは、それぞれの1行目の「わたしの中にも そのように」である。
(4) 対句が使われている部分を探す。似た構成で意味も対応しているのは、1・2行目の「つくし つばな/つんつん伸びる」である。
(6) この詩では、「わたしの中」で「せいいっぱい伸びようとするもの」があることや自分の「ことば」がひらく気配があることを伝えようとしている。

トロッコ

68〜69ページ Step 1

❶ (1) 悠々と
(2) イ

(3) 包み菓子の
(4) ア・エ（順不同）
(5) イ
(6) 例 一人で歩いて帰らなければならないこと

考え方

❶ (2) 跳ね返った泥が乾くくらいの時間が経過していることが分かる。
(3) 駄菓子を食べることで、もらったことを喜んでいると見えるように行動したのである。
(4) なかなか帰ろうとしない土工たちへのいらだちと、早く帰らないと日が暮れるという焦りがある。
(5) 土工が当然のように一人で「帰んな」と言ったことから、良平のことを特に気にせず重要視していないことが分かる。

トロッコ

70〜71ページ Step 2

❶ (1) 無我夢中
(2) 例 日が暮れる前に帰れるかどうかということ。
(3) 例 見慣れた場所に戻ってきて、安心する気持ち。
(4) イ
(5) 例 これまでの不安や心細さを、どう説明すればよいか分からなかったから。
(6) 例 将来に不安を感じ、心細い（状況。）

❷ ①運搬 ②初旬 ③勾配 ④記憶

考え方

❶ (1) 「左に海を感じながら」ということは、海を見ていないということである。
(2) 「夕焼けのした日金山の空も、もうほてりが消えかかっていた」とは、日が沈みかけているということである。
(3) 「村外れの工事場」は、良平にとって見慣れた場所であり、そこにたどり着いたことで安心し「泣きたくなった」のである。
(4) 頭から湯気が立っているのは、体が熱くなっているからである。
(5) ここまで不安や心細さでいっぱいになりながら走り続けてきたが、そのことを説明したくても言葉が見つからず、どのように説明すればよいのか分からないのである。
(6) 大人になっても当時の不安や心細さを思い出すということは、現在の良平も同じような状況だということである。

基礎編 文法解説より

72ページ Step 2

❶ ①四 ②六
❷ (1) ①僕は ②好きだ
(2) ①一人で ②暗いのに
❸ ①ウ ②ア ③ア ④ウ
❹ ①A ②B ③A ④B

考え方

❶ 段落の数は、一字下げとなっている行を数える。文の数は、ここでは「。」を数える。
❷ (2) 「帰る」を修飾している「一人で」が修飾語。「のに」と後に続けているので、「暗いのに」が接続語。
❸ ①「四国」は固有名詞、他は数詞。
②「横浜」は固有名詞、他は普通名詞。
③「明日」は普通名詞、他は代名詞。
④「こと」は形式名詞、他は代名詞。
❹ ①「のっしのっしと」は大男が歩く様子を表している。
②「すごく」はどれくらい「悔しい」かという程度を表している。
③「ゆっくり」は歩く様子を表している。
④「とても」はどれくらい「うれしい」かという程度を表している。

テスト前 ☑ やることチェック表

① まずはテストの目標をたてよう。頑張ったら達成できそうなちょっと上のレベルを目指そう。
② 次にやることを書こう（「ズバリ英語〇ページ，数学〇ページ」など）。
③ やり終えたら□に✔を入れよう。
最初に完ぺきな計画をたてる必要はなく，まずは数日分の計画をつくって，
その後追加・修正していっても良いね。

目標

	日付	やること 1	やること 2
2週間前	/	□	□
	/	□	□
	/	□	□
	/	□	□
	/	□	□
	/	□	□
	/	□	□
1週間前	/	□	□
	/	□	□
	/	□	□
	/	□	□
	/	□	□
	/	□	□
	/	□	□
テスト期間	/	□	□
	/	□	□
	/	□	□
	/	□	□
	/	□	□

QRコードのページに登録すると，「ぴたリンク」からも表をダウンロードできるよ

テスト前 ☑ やることチェック表

① まずはテストの目標をたてよう。頑張ったら達成できそうなちょっと上のレベルを目指そう。
② 次にやることを書こう（「ズバリ英語〇ページ，数学〇ページ」など）。
③ やり終えたら▢に✔を入れよう。
最初に完ぺきな計画をたてる必要はなく，まずは数日分の計画をつくって，
その後追加・修正していっても良いね。

目標

	日付	やること 1	やること 2
2週間前	/	▢	▢
	/	▢	▢
	/	▢	▢
	/	▢	▢
	/	▢	▢
	/	▢	▢
	/	▢	▢
1週間前	/	▢	▢
	/	▢	▢
	/	▢	▢
	/	▢	▢
	/	▢	▢
	/	▢	▢
	/	▢	▢
テスト期間	/	▢	▢
	/	▢	▢
	/	▢	▢
	/	▢	▢
	/	▢	▢

キリトリ線

QRコードのページに登録すると，「ぴたリンク」からも表をダウンロードできるよ

ズバリよくでる 直前

チェックBOOK

漢字の読み書き・文法など重要事項に完全対応!

国語

東京書籍版

1年

シートで何度でも!

話し方はどうかな　教p.14～21

- 皆さんの意見。（みな）
- 挟みうち（はさ）
- 冷や汗が出る。（あせ）
- 遅く来る。（おそ）
- 普通郵便（ふつう）
- 平仮名で書く。（ひらがな）
- 原稿の束。（げんこう）
- 実況が始まる。（じっきょう）
- 中継の映像。（ちゅうけい）
- 満塁の好機。（まんるい）
- 遊びを抜ける。（ぬ）
- 跳ねるうさぎ。（は）
- 捕りづらい球。（と）
- 投げ込む（こ）
- 灯台下暗し（もと）
- 猛烈な速さ。（もうれつ）
- 空気の乾燥。（かんそう）
- 扱いが難しい。（あつか）
- 交互に見回る。（こうご）
- 淡々と続ける。（たんたん）
- 工夫の楽しみ。（くふう）

詩の心――発見の喜び　教p.24～28

- 素直な気持ち。（すなお）
- 素朴な表情。（そぼく）
- ピアノの技巧。（ぎこう）
- 悠然と泳ぐ。（ゆうぜん）
- かげに隠れる。（かく）
- 新鮮な野菜。（しんせん）
- 驚いて転ぶ。（おどろ）
- 悲しみの涙。（なみだ）
- ぎっしり詰める。（つ）
- 真剣な目付き。（しんけん）
- 結核の原因。（けっかく）
- 五歳の子。（さい）
- 熱帯魚の死骸。（しがい）
- 面白（おもしろ）い比喩。（ひゆ）

活字と書き文字・画数・筆順　教p.33～34

テストでまちがえやすい漢字

- 独特の筆遣い。（ふでづか）
- 違いの区別。（ちが）
- 玄関に置く。（げんかん）
- 芝生をかる。（しばふ）
- 整形外科（げか）
- 傍線部を見る。（ぼうせんぶ）
- 乙女の姿。（おとめ）
- 克己心でねばる。（こっきしん）
- 弓道の練習。（きゅうどう）
- 地元の氏神。（うじがみ）
- 机上の本。（きじょう）
- 卵黄を混ぜる。（らんおう）
- 茶色の革ぐつ。（かわ）
- 耳鼻科に行く。（じびか）
- 三角州の地形。（さんかくす）
- 入荷した商品。（にゅうか）
- 分泌物の採取。（ぶんぴつ）

飛べ　かもめ　教p.36～40

- 鈍行列車に乗る。（どんこう）

空が曇る。（くも）
人影一つない。（ひとかげ）
祖父の若い頃。（ころ）
のりで貼る。（は）
座って休む。（すわ）
頼れる相手。（たよ）
握った手。（にぎ）
僕と弟。（ぼく）
ズバッ 意気地がない。（いくじ）
次第に増える。（しだい）
振り向いた顔。（ふ）
ボールの行方。（ゆくえ）
甘すぎるあめ。（あま）
怠け心（なま）
一面の砂浜。（すなはま）
ズバッ きれいな瞳。（ひとみ）
気力を取り戻す。（もど）
虹のかなた。（にじ）

さんちき 教 p.41〜53

腹を引き締める。（し）
背が伸びる。（の）
弟子を取る。（でし）
天井を見上げる。（てんじょう）
ズバッ ひもで縛る。（しば）
叫び声（さけ）
はんこを彫る。（ほ）
つかれて寝る。（ね）
怒鳴り声（どな）
ズバッ 包丁を研ぐ。（と）
丁寧な話し方。（てい）
物騒な発言。（ぶっそう）
侍の精神。（さむらい）
笛を吹く。（ふ）
心に響く歌声。（ひび）
慌てて走る。（あわ）
肝心の味付け。（かんじん）
黙ってうなずく。（だま）
えんぴつを削る。（けず）

ドミノが倒れる。（たお）
中は真っ暗闇だ。（やみ）
隣に立つ木。（となり）
庭の端に咲く花。（はし）
ズバッ 生唾をためる。（なまつば）
鋭いくちばし。（するど）
憎しみを忘れる。（にく）
同じ藩の武士。（はん）
腕ずもう（うで）
腰に巻いた帯。（こし）
ボタンを押す。（お）
香ばしいパン。（こう）
辛いカレー。（から）
軽やかな笑い。（かろ）

接続する語句・指示する語句 教 p.58〜60

休日の朝寝坊。（ねぼう）
ズバッ 科学的な根拠。（こんきょ）
一般の参加者。（いっぱん）
言いにくい事柄。（ことがら）

ご無沙汰である。（ぶさた）

オオカミを見る目　教 p.62～69

五匹のねこ。（ごひき）
待ち伏せする。（ぶ）
賢い判断。（かしこ）
象徴的な形。（しょうちょう）
ズバッ 捉えどころ（とら）
花を栽培する。（さいばい）
強い眠気（ねむけ）が襲う。（おそ）
敵の襲撃。（しゅうげき）
魔女のほうき。（まじょ）
恐ろしいへび。（おそ）
油性ペンの軸。（じく）
羊の牧畜。（ぼくちく）
産業の基盤。（きばん）
稲作農家（いなさく）
盛んにほめる。（さか）
祈りが届く。（いの）
草食獣のえさ。（じゅう）

事故を撲滅する。（ぼくめつ）
江戸時代の建物。（えど）
感染症の研究。（かんせんしょう）
普及した習慣。（ふきゅう）
更なる試練。（さら）
被害を受ける。（ひがい）
ズバッ 砂の城が崩れる。（くず）
臆病な小鳥。（おくびょう）
ズバッ 爽やかな緑。（さわ）
無粋な発言。（ぶすい）
俗っぽい話。（ぞく）

音読み・訓読み　教 p.78～79

慣習に基づく。（もと）
きれいな桃の花。（もも）
せっけんの泡。（あわ）
楽しみを兼ねる。（か）
ズバッ かわいい便箋。（びんせん）
万全の対策。（ばんぜん）
委員会の発足。（ほっそく）

ズバッ テストでまちがえやすい漢字

強引な手段。（ごういん）
率直な感想。（そっちょく）
ゆれる風鈴。（ふうりん）
側溝のどろ。（そっこう）
ズバッ 象牙のブローチ。（ぞうげ）
幻覚か夢か。（げんかく）
えんぴつの芯。（しん）
集いを開く。（つど）
優秀な成績。（ゆうしゅう）
実力が勝る。（まさ）
ズバッ 傑作と名高い本。（けっさく）
英語の基礎。（きそ）
時間を割けない。（さ）
不安を拭い去る。（ぬぐ）
雑巾がけ（ぞうきん）
汚れが落ちる。（よご）

碑（いしぶみ）　教 p.80～91

時限爆弾（ばくだん）
ズバッ 柳のように細い。（やなぎ）

架け橋となる。（か）
僚機の装備。（りょうき）
偵察の成果。（ていさつ）
手を放した瞬間。（しゅんかん）
眠っている間。（ねむ）
声が震える。（ふる）
雷鳴におびえる。（らいめい）
巨大なオブジェ。（きょだい）
逃げ切った選手。（に）
土煙で見えない。（つちけむり）
土砂降りの雨。（どしゃ）
埋まっている宝。（う）
掘り出し物（ほ）
かたい煎餅。（せんべい）
励ましの言葉。（はげ）
海を渡って来る。（わた）
我が友（わ）
欲しいチケット。（ほ）
祭りの跡。（あと）

途中で気づく。（とちゅう）
傷みやすい野菜。（いた）
先生に尋ねる。（たず）
制帽が似合う。（せいぼう）
友人に宛てる。（あ）
厚めの封書。（ふうしょ）
舟で湖をめぐる。（ふね）
川を遡る魚。（さかのぼ）
攻撃の仕方。（こうげき）
郊外に住む。（こうがい）
愛用の枕。（まくら）
裏方に徹する。（てっ）
無我夢中（むが）
石碑に一礼する。（せきひ）

私のタンポポ研究 教 p.96〜105

駆逐された生物。（くちく）
詳しい情報。（くわ）
当番の入れ替え。（か）
謎を解明する。（なぞ）

薬の苦い粒。（つぶ）
枯れた枝。（か）
速やかな対応。（すみ）
前年との比較。（ひかく）
大通りを避ける。（さ）
誰もいない。（だれ）
正しい行為。（こうい）
柿を干す。（かき）
尊敬に値する。（あたい）
箸を置く。（はし）
資料の閲覧。（えつらん）

方言と共通語 教 p.118〜119

会の開催。（かいさい）
よく膨れたパン。（ふく）

漢字の部首 教 p.120〜121

糸偏の漢字。（へん）
王様の冠。（かんむり）
ミニトマトの苗。（なえ）
兄を慕う。（した）

- 沼地の植物。（ぬまち）
- 安泰を願う。（あんたい）
- 抵抗する（ていこう）
- ズバッ イチョウの雌雄。（しゆう）
- 寛容な態度。（かんよう）
- 事の経緯。（けいい）
- 疫病への対策。（えきびょう）
- 森で猟をする。（りょう）
- ズバッ 襟のない服。（えり）
- 質実剛健の校風。（ごうけん）

移り行く浦島太郎の物語 教 p.126～128

- 浦島太郎（うらしま）
- 竜宮城（ぐう）
- 長生きの亀。（かめ）
- 室町文化（むろまち）
- 鶴の羽。（つる）
- 長寿を祝う。（ちょうじゅ）
- ズバッ 原石が輝く。（かがや）
- 仙人のいる山。（せんにん）

- 一番の大舞台。（ぶたい）
- 名前の書き換え。（か）
- 下敷きを使う。（したじ）
- 楽器に触れる。（ふ）

伊曽保物語 教 p.130～134

- ズバッ 翻訳小説（ほんやく）
- 浮き輪（う）
- 気分が沈む。（しず）
- 恩に報いる。（むく）

竹取物語 教 p.135～143

- お姫様（ひめ）
- 人の優しさ。（やさ）
- ズバッ 愚かな人物。（おろ）
- 理屈で考える。（りくつ）
- 竹の筒。（つつ）
- 黄金色のパン。（こがね）
- 彼らの言い分。（かれ）
- 与える喜び。（あた）
- 春の訪れ。（おとず）

- 提案を拒否する。（きょひ）
- ズバッ しぶしぶ諦める。（あきら）
- 昇天を悲しむ。（しょうてん）
- 羽衣を着た天人。（はごろも）
- くつを脱ぐ。（ぬ）
- 帝に文を書く。（ふみ）
- ズバッ 果物を添える。（そ）

矛盾 教 p.144～147

- 矛盾する思い。（むじゅん）
- ズバッ 韓非子の思想。（かんぴし）
- 目を離す。（はな）
- 背水の陣で戦う。（じん）
- 堅い商売。（かた）
- 不意を突く。（つ）
- ズバッ 大和朝廷の時代。（やまと）
- 優れた作品。（すぐ）

語の意味と文脈・多義語 教 p.150～151

- ズバッ 解釈のちがい。（かいしゃく）
- 早速開けてみる。（さっそく）

疲れを取る。（つか）

少年の日の思い出

教 p.154〜168

書斎の机。（しょさい）
きれいな縁取り。（ふち）
すみを擦る。（す）
透明なシート。（とうめい）
口を閉ざす。（と）
濃いお茶。（こ）
眺めが良い。（なが）
珍しい味。（めずら）
妙な印象。（みょう）
なべの蓋。（ふた）
不愉快な体験。（ふゆかい）
微笑する演技。（びしょう）
紙面に載る。（の）
甲高い音。（かんだか）
園のお遊戯会。（ゆうぎ）
本を貪り読む。（むさぼ）
忍び寄る足音。（しの）

料理のいい匂い。（にお）
荒野に吹く風。（こうや）
網で魚を捕る。（あみ）
斑点の模様。（はんてん）
緊張をほぐす。（きんちょう）
大きな歓喜。（かんき）
紙パックを潰す。（つぶ）
コルクの栓。（せん）
自慢のバラ。（じまん）
獲物を追う。（えもの）
息子の手伝い。（むすこ）
貧弱な装備。（ひんじゃく）
妬みの感情。（ねた）
小説の挿絵。（さしえ）
幾度かためす。（いくど）
ハンカチを畳む。（たた）
人気を呈する。（てい）
山を越える。（こ）
優雅なおどり。（ゆうが）

誘惑に負ける。（ゆうわく）
盗まれた手紙。（ぬす）
過失を犯す。（おか）
人知れず悟る。（さと）
服を繕う。（つくろ）
一切を任せる。（いっさい）
既に売り切れた。（すで）
罰を受ける。（ばつ）
丹念な作業。（たんねん）
依然分からない。（いぜん）
喉笛にかみつく。（のどぶえ）
償いの行動。（つぐな）
参加者を募る。（つの）
葛藤する（かっとう）
遺憾の意。（いかん）
嫉妬の気持ち。（しっと）
戦慄が走る。（せんりつ）
郷愁の思い。（きょうしゅう）
凍ったみかん。（こお）

師を憧憬する。（しょうけい）

名詞 教p.170

手袋を外す。（てぶくろ）
瀬戸大橋の上。（せと）
百坪の土地。（ひゃくつぼ）
京阪神の人々。（けいはんしん）
目尻が下がる。（めじり）
風呂に入る。（ろ）
駐車場（ちゅうしゃ）
掃除当番（そうじ）
楷書の練習。（かいしょ）
一膳のご飯。（いちぜん）
三隻の船。（さんせき）
水を口に含む。（ふく）

他教科で学ぶ漢字 教p.171

亜熱帯の地域。（あねったい）
古墳を訪ねる。（こふん）
貝塚が見つかる。（かいづか）
弥生時代の文化。（やよい）

脊椎動物の進化。（せきつい）
鯨の大きな口。（くじら）
哺乳類の子供。（ほにゅうるい）
顕微鏡を見る。（けんびきょう）
土の塑性。（そせい）
りんごの収穫。（しゅうかく）
酢で味を付ける。（す）
腎臓の働き。（じんぞう）
動物の胸腺。（きょうせん）

風を受けて走れ 教p.172～179

脚の筋肉。（あし）
義肢装具士（ぎし）
必需品を買う。（ひつじゅ）
膝上までの長さ。（ひざうえ）
敬意を抱く。（いだ）
薄い半紙。（うす）
湾曲した道。（わんきょく）
丈夫なかばん。（じょうぶ）
挑戦する勇気。（ちょうせん）

テストでまちがえやすい漢字

廊下側の席。（ろうか）
試しに作る。（ため）
喪失感が残る。（そうしつ）
悩み相談（なや）
足を踏み出す。（ふ）
連絡を受ける。（れんらく）
伴走者となる。（ばんそう）
競い合う楽しさ。（きそ）
幅広い知識。（はば）

ニュースの見方を考えよう 教p.184～191

渋谷駅前（しぶ）
視聴者（しちょう）
紛争地域（ふんそう）
先輩に教わる。（せんぱい）
本の冒頭。（ぼうとう）
誇張して話す。（こちょう）

連体詞・副詞・接続詞・感動詞 教p.205

草刈りをする。（か）
洗濯機であらう。（せんたく）

漢字の成り立ち

教 p.206〜207

激しい炎上。（えんじょう）
囚人の服。（しゅうじん）
類人猿の進化。（えん）
弦楽の調べ。（げんがく）
溶媒を使う。（ようばい）
楽譜を読む。（がくふ）
摩擦熱（まさつ）
姓名を書く。（せいめい）
犠牲者を悼む。（ぎせい）
符号を付ける。（ふごう）
大学附属病院（ふぞく）
明るく且つ元気。（か）
租税を納める。（そぜい）
悪事を阻止する。（そし）
狙撃手の目。（そげき）
コースの選択。（せんたく）
抄訳本（しょうやく）
一斤のパン。（きん）
映画の巨匠。（きょしょう）
仕事の邪魔。（じゃま）
草履をはく。（ぞうり）
足袋をぬぐ。（たび）
門口に立つ。（かどぐち）
朱筆で書く。（しゅふで）

トロッコ

教 p.210〜219

荷物を運搬する。（うんぱん）
五月の初旬。（しょじゅん）
泥まみれになる。（どろ）
勾配がきつい。（こうばい）
薄暮の空。（はくぼ）
有頂天になる。（うちょうてん）
この野郎。（やろう）
記憶にない。（きおく）
色彩豊かな絵。（しきさい）
褒められる。（ほ）
爪先立ち（つまさき）
崖の下を歩く。（がけ）
乳飲み子（ちの）
頑丈な体。（がんじょう）
駄菓子屋さん（がし）
掛け算する（か）
ボールを蹴る。（け）

▼テストによく出る慣用句

体に関係する慣用句

・あげ足をとる	人の失言を捉えて責める。
・息をのむ	驚き、はっとする。
・顔から火が出る	恥ずかしくて、真っ赤になる。
・気が置けない	心を許して付き合うことができる。
・口が重い	口数が少ない。
・腰をすえる	落ち着いて、一つのことに取り組む。
・舌を巻く	驚いたり、感心したりする。
・手が空く	ひまになる。
・歯が立たない	相手が強すぎて、対抗できない。
・歯に衣着せぬ	思ったとおりのことを言う。
・鼻が高い	得意である。誇らしい。
・鼻につく	飽きて、不快に感じる。
・耳が痛い	弱点を指摘されて、居心地が悪い。
・目から鼻へ抜ける	賢くて、頭の回転が速い。
・目に余る	見ていられないほどにひどい。

その他の慣用句

・青菜に塩	元気がなく、しょげている様子。
・板につく	経験を積み、職業や任務に適する。
・かぶとを脱ぐ	降参する。
・さじを投げる	あきらめて、手を引く。
・しのぎを削る	激しく競い合う。
・すずめの涙	ごくわずかなもののたとえ。
・すみにおけない	あなどれない。
・太鼓判を押す	確かであると保証する。
・たかをくくる	たいしたことはないと見くびる。
・取り付く島もない	頼みにできるものが何もない。
・根も葉もない	何の根拠もない。
・筆が立つ	文章を書くのがうまい。
・水をさす	良い流れを断ち切って悪くする。
・水に流す	すべてなかったことにする。
・やぶから棒	出し抜けであること。

▼テストによく出る同音異義語

いぎ
- 意義……意義のある仕事だ。
- 異義……同音異義語を書く。
- 異議……異議を唱える。

かてい
- 仮定……満点を取ったと仮定する。
- 過程……結果よりも過程が大切だ。
- 課程……教育課程を終える。

きせい
- 寄生……寄生する植物。
- 帰省……盆休み（ぼんやすみ）に帰省する。
- 既成……既成の事実になる。
- 既製……既製品の背広。
- 規制……交通を規制する。

ひなん
- 避難……校庭に避難する。
- 非難……非難を浴びる。

ほしょう
- 保証……新しいカメラの保証書。
- 保障……国の安全保障について話し合う。
- 補償……損害を補償する。

▼テストによく出る同訓異義の漢字

あける
- 明ける……夜が明ける。
- 空ける……席を空ける。
- 開ける……窓を開ける。

いたむ
- 痛む……きずが痛む。
- 傷む……本が傷む。

かえる
- 変える……話題を変える。（＝違（ちが）ったものにする）
- 換える……別の言葉に換える。（＝引き換えに得る。交換（こうかん）する）
- 替える……花びんの水を替える。（＝同じ種類の違うものと入れ替える）
- 代える……挨拶（あいさつ）に代える。（＝代用する）

まじる
- 混じる……赤と白の絵の具が混じる。
- 交じる……大人の中に子供が交じる。

やぶれる
- 敗れる……試合に敗れる。
- 破れる……紙が破れる。

▼単語の分類

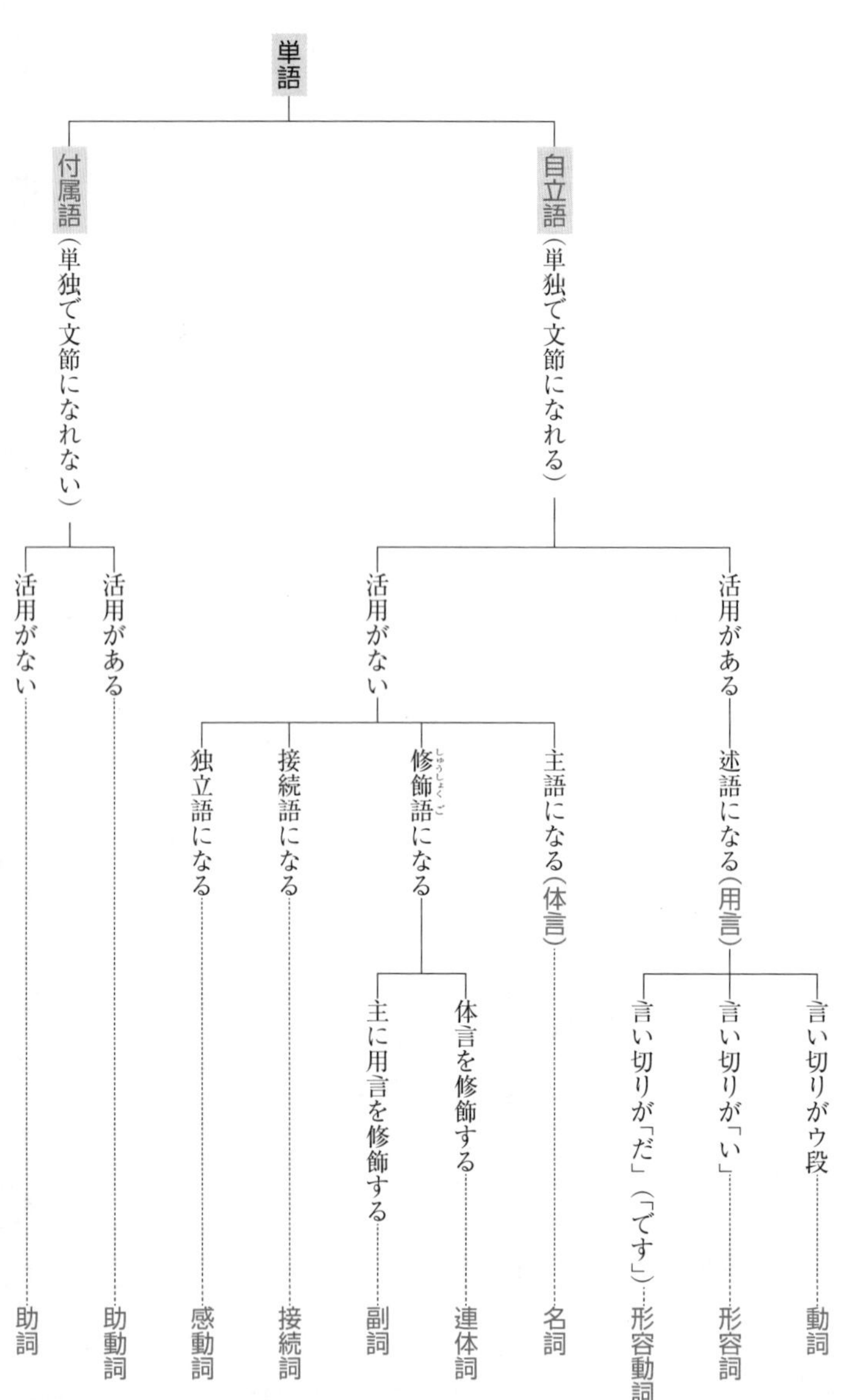

単語
付属語（単独で文節になれない）
活用がない……助詞
活用がある……助動詞
自立語（単独で文節になれる）
活用がない
独立語になる……感動詞
接続語になる……接続詞
修飾語になる
主に用言を修飾する……副詞
体言を修飾する……連体詞
主語になる（体言）……名詞
活用がある――述語になる（用言）
言い切りが「だ」（「です」）……形容動詞
言い切りが「い」……形容詞
言い切りがウ段……動詞

▼口語動詞の活用

活用の種類	基本形	語幹	未然形	連用形	終止形	連体形	仮定形	命令形
		主な続き方	ーナイ ーレル ーラレル ーウ ーヨウ	ーマス ータ ーテ	言い切る ート ーカラ	ートキ ーコト ーノ	ーバ	命令で 言い切る
五段活用	書く	か	ーか ーこ	ーき ーい	ーく	ーく	ーけ	ーけ
上一段活用	落ちる	お	ーち	ーち	ーちる	ーちる	ーちれ	ーちろ ーちよ
下一段活用	捨てる	す	ーて	ーて	ーてる	ーてる	ーてれ	ーてろ ーてよ
カ行変格活用	来る	（くる）	こ	き	くる	くる	くれ	こい
サ行変格活用	する	（する）	し せ さ	し	する	する	すれ	しろ せよ

▼アドバイス

「ない」を付けて活用の種類を判別する

●「書く」＋「ない」＝「書かない」
→ア段なので五段活用

●「落ちる」＋「ない」＝「落ちない」
→イ段なので上一段活用

●「捨てる」＋「ない」＝「捨てない」
→エ段なので下一段活用

▼古典の仮名(かな)遣(づか)いの決まり

ワ行

＊ワ行の「わゐうゑを」→「ワイウエオ」と発音する。

ゐ	い	例 ゐたり → いたり
ゑ	え	例 ゆゑ → ゆえ
を	お	例 さを → さお

ハ行

＊語中・語尾(ごび)のハ行の「はひふへほ」→「ワイウエオ」と発音する。

は	わ	例 あはれ → あわれ
ひ	い	例 誘(さそ)ひ → 誘い
ふ	う	例 失ふ → 失う
へ	え	例 くはへて → くわえて
ほ	お	例 おほやけ → おおやけ

「ぢ」「づ」

＊ダ行の「ぢ・づ」→「じ・ず」となる。

ぢ	じ	例 すぢ → すじ
づ	ず	例 しづむ → しずむ

特別な読み

＊「かう」「しう」「てう」→「こう」「しゅう」「ちょう」と書き表して「コー」「シュー」「チョー」と発音する。

au	ô	例 かうむる → こうむる
iu	yû	例 うつくしう→うつくしゅう
eu	yô	例 てうど → ちょうど

その他

＊次のような場合、二段階で読みが変わる。

例 けふ → けう → きょう

▼テストによく出る古語

現代語と意味が異なることがあるもの

- あさまし　驚きあきれる。
- あはれなり　おもむきがある。
- あやし　不思議だ。みすぼらしい。
- ありがたし　めったにない。
- いたづらなり　むだだ。
- うつくし　かわいらしい。
- おとなし　大人びている。
- おどろく　はっと気づく。
- かなし　いとしい。心引かれる。
- きこゆ　申し上げる。
- めでたし　すばらしい。立派だ。
- むつかし　不快だ。気味が悪い。
- やがて　すぐさま。
- ゆかし　知りたい。見たい。聞きたい。
- をかし　おもむきがある。興味深い。

現代では使われなくなったもの

- あてなり　高貴だ。
- あらまほし　そうあってほしい。
- いと　とても。
- いみじ　程度がはなはだしい。
- うたてし　いやだ。気味が悪い。
- おはす　いらっしゃる。
- げに　なるほど。本当に。
- さらなり　言うまでもない。
- つきづきし　似つかわしい。
- つとめて　早朝。翌朝。
- つゆ　少しも（……ない）。
- な……そ　……してはいけない。
- やうやう　だんだん。
- らうたし　かわいい。いとしい。

▶さまざまな古典作品

ジャンル	物語		
作品	竹取物語	伊勢物語	源氏物語
成立	平安時代	平安時代	平安時代
作者 編者	作者未詳	作者未詳	紫式部
特徴	・今に伝わる日本で最も古い物語。 ・翁夫婦に育てられた「かぐや姫」が主人公。	・在原業平の歌が多く採られた歌物語。 ・業平と思われる男の半生が描かれる。	・全五十四巻の長編物語。 ・主人公の光源氏を通じて、貴族社会の恋愛・政治などが描かれる。

ジャンル	日記	歌謡集	随筆	仮名草子
作品	土佐日記	梁塵秘抄	方丈記	伊曽保物語
成立	平安時代	平安時代後期	鎌倉時代	室町時代末期
作者 編者	紀貫之	後白河法皇	鴨長明	訳者未詳
特徴	・土佐の国司の任務を終えて都に戻るまでを描く。 ・女性が仮名で書くという形をとっている。	・当時、流行していた歌謡を集めたもの。	・当時の不安な世相や、孤独ながらも落ち着いた暮らしぶりを描いた。	・古代ギリシャの寓話集「イソップ物語」の翻訳。 ・親しみやすい教訓集。